좋은 삶과

자연의 권리

KB193272

박태현 지음

좋은 삶과
자연의 권리

환경보호의 새로운 패러다임

알렙

환경보호의 새 패러다임, 자연의 권리

현대 환경법의 체계적 발전과 환경위기의 가속화

한국은 1962년 '경제개발 5개년 계획'을 본격적으로 추진하면서 발생한 공해 문제에 대처하고자 1963년 전문 21개조로 이뤄진 「공해방지법」을 제정했다. 1970년대 들면서 고도성장으로 인한 환경오염의 증가 등 환경 문제가 다양하고 심각해짐에 따라 보다 체계적이고 통일적인 입법이 요구돼 1977년 12월 「공해방지법」을 대체하는 70개조로 구성된 「환경보전법」을 제정했다. 1990년 8월 「환경보전법」을 「환경정책기본법」을 위시하여 「대기환경보전법」, 「수질환경보전법」, 「소음·진동규제법」, 「유해화학물질관리법」, 「환경오염피해분쟁조정법」 등 6개의 법으로 분법화했다. 이후 환경 법률은 오염 방지, 자연환경 보전, 폐기물 처리 및 자원 순환, 건강 및 피해 구제, 환경 시장 육성 등 다양한 분야에서 계속해 제정되었고, 현재 환경부장관 소관 법률은 70여 개 이상에 이른다. 이 같은 환경 법률의 체계적 발전은 비단 한국에 특유한 현상은 아니다. 유엔환경계획(UNEP)이 2019년에 발표한 보고서[1]에 따르면, 1972년 이후 전 세계적으로 환경 법률의 수가 38배 정도 폭발적으로 증가했다. 그러나 같은 시기, 기후 체계의 변화와 서식지의 훼손, 수질·대기·해양 오염 및 멸종 등 지구의 생명 부양 체계의 침식 속도 또한 급격하게 진행됐다.[2] 1970년대 이후 세계 각국에서 환경법이 체계적으로 발전했음에도 전 지구적 환경위기가 감소·완화되기는커녕 되려 가속화한 까닭은 무엇일까? 이 질문이 나를 자연의 권리를 연구하도록 한 직접적인 동인으로 작용했다.

1945년 2차 세계대전 이후 전 세계적으로 에너지와 자원 사용량이 급격하고 광범위하게 증가하면서 지구의 자연 시스템에 광범위한 영향을 끼쳤다. 미국 조지타운대 환경사학자인 존 로버트 맥닐(John Robert McNeill)은 2014년에 발간한 자신의 책 『대가속(*The Great Acceleration*)』[3]에서 이러한 현상은 과거에도 없고 앞으로 다시

---

1) UNEP, "Environmental Rule of Law: First Global Report", 2019.
2) UNEP, "Dramatic growth in laws to protect environment, but widespread failure to enforce, finds report", January 24, 2019, https://www.unep.org/news-and-stories/press-release/dramatic-growth-laws-protect-environment-widespread-failure-enforce.
3) John Robert Mcneill, *The Great Acceleration: An Environmental History of the Anthropocene since 1945*, Cambridge: Harvard University Press, 2014.

없을 현시대의 특이한(idiosyncratic) 현상이라며, 가까운 미래에 멈춰져야 한다고 주장했다. 1945년 이후 대가속의 인간 활동이 지구환경에 미친 결과가 20-30년 시차를 두고 뚜렷하게 나타나면서 각국은 그 대응으로 환경 법률을 제정, 시행했고, 이에 오늘날과 같은 복잡한 환경법 체계가 형성됐다.

앞에서 한 질문으로 돌아와 세계 각국에서 환경법의 체계적인 발전에도 지구적 환경위기가 심화한 이유에 대해서는 여러 답변이 제출됐다. 현대 환경법이 너무나 복잡하여, 피규제자는 이를 제대로 이행할 능력이 없고, 규제자는 규제 이행을 감시·감독할 역량이 결여된 이른바 '(환경법의) 집행 결함'이 원인이라는 견해가 설득력 있게 제기됐다. 또 산업계 등 피규제자가 막대한 자금과 정치적 영향력 혹은 로비를 통해 규제 기관에 과도한 영향력을 행사하는 소위 규제 포획으로 인하여 환경법이 약화함으로써 환경 문제가 겉과 달리 그 저변에서 계속 나빠져 왔다는 분석 결과도 제출됐다. 기술적 측면에서의 분석으로는 현대 환경법이 비용/편익의 분석 대상이 되면서(즉, 정책 입안자와 규제 기관 그리고 법원은 자연에 금전적 가치를 부여하고 이를 산업계나 규제 집행의 대상이 된 사람에게 발생할 금전적 비용과 비교 형량한다), 이 절차가 너무 쉽게 조작되고 자연의 고유 가치를 고려하는 데 실패하고 있기 때문이라는 견해도 있다.[4]

이것들이 부분적인 이유일 수 있지만, 전부는 아니다. 우리는

---

4) Anthony R. Zelle et al., *Earth Law: Emerging Ecocentric Law—A Guide for Practitioners*, Aspen Publishing, 2021, pp. 39-40.

"현행 환경법은 우리 경제 체계 자체의 지향과 같은 근본 원인은 다루지 않은 채 일상 행위의 외부 효과(externalities)만을 관리하도록 설계"[5]되었다는 사실에 주의를 둬야 한다. 이는 설령 환경법이 적정하게 집행되더라도 근본적으로 환경위기를 막을 수 없음을 함의하기 때문이다. 현대 환경법은 "지구 공동체의 건강에 대한 적절한 고려 없이 경제성장, 산업 개발 그리고 개인의 인권에 초점을 맞추는 근대주의 프로젝트의 일부로, 기본적으로 자연을 인간 복리를 위한 산업적 가치를 가진 것으로 다루며 그 자체 고유한 가치를 가진 실체로 고려하지 않"[6]아 지금과 같은 환경위기가 초래됐다고 보는, 본원적인 문제 지점을 가리키는 견해가 있다.

환경법에서 생태법으로 전환 필요성: 오슬로 선언

2016년 6월 일단의 환경법 전문가들은 오늘날 점증하는 생태위기를 맞아 생태학적 진실을 바탕으로 현행 환경법을 새 틀로 재조직할 것을 주창하며, 환경법에서 생태법으로 전환을 촉구하는 오슬로 선언(Oslo Manifesto)[7]을 채택했다.

---

5) Mumta Ito, "Nature's rights: a new paradigm for environmental protection", *Ecologist*, May 9, 2017, https://theecologist.org/2017/may/09/natures-rights-new-paradigm-environmental-protection.
6) Zelle et al., *Earth Law*, p. 39.
7) 오슬로 선언의 원문은 다음에서 볼 수 있다. https://www.elga.world/oslo-manifesto.

이 선언은 오늘날의 생태위기에는 경제성장의 동학, 인구 성장, 과소비 등 다양한 원인이 있지만, 또한 현행 환경법을 떠받치는 철학이나 존재론 및 방법론에도 그 원인이 있다고 한다. 오슬로 선언에 따르면 근대 서양법에 바탕을 둔 환경법은 종교적으로 인간중심주의, 인식론적으로 데카르트의 주체-객체 이분법, 철학적으로는 개인주의 그리고 윤리적으로는 공리주의에 그 기원을 두고 있고, 이러한 세계관이 환경법을 인식, 해석하는 방법(론)을 계속 지배하고 있다고 한다. 이러한 세계관은 생태적 상호의존성 및 인간과 자연 간의 상호관계성을 간과하고, 자연을 '객체화 또는 대상화'하는 데서 가장 두드러진다고 한다.

그리고 이러한 환경법의 결함을 극복하려면 단지 더 많은 법이 필요한 것이 아니라 지금과는 전혀 다른 법이 필요하다고 하며, 생태중심주의, 전일론, 세대 내/세대 간 및 종간 정의(interspecies justice)에 기반을 둔, 법에 대한 생태학적 접근법이 필요하다고 한다. 이러한 법은 생태적 상호의존성을 인정하는 한편, 더 이상 자연에 대한 인간의 우위 그리고 집단 책임성에 대한 개인 권리의 우위를 인정하지 않는다. 본질적으로, 생태법은 인간 삶의 자연적 조건을 내재화하고, 이를 헌법과 인권법, 재산권, 기업의 권리 및 국가 주권을 포함하여 모든 법의 기초로 삼아야 한다고 주장한다.

성장주의와 좋은 삶

나는 현재와 같은 환경위기를 완화하여, 인간과 비인간 실체가 거주하기에 적합한 '관계 공동체'로서 지구를 보전하려 한다면, 지금과는 전혀 다른 법, 곧 생태적 상호의존성을 전제하는 생태법이 필요하다는 오슬로 선언의 기본 입장에 찬동한다. 그런데 우리가 생태법으로 나아가는 데 있어 넘어서야 할 도전적인 장애물이 있는데, 그것은 자본주의가 강제하는 '성장주의(growthism)'다. 성장주의란 인간 활동의 우선적 목표는 성장이고, 더 많은 생산이 더 좋다는 믿음을 말한다. 이는 오늘날 일종의 이데올로기가 되어 "성장이 빈곤, 실업, 환경훼손, 기후변화, 재정적 불안정성 따위 모든 문제의 해결책이 된다"[8]고 봄으로써 사회는 성장할수록 집단으로서 성공 가능성이 더 높아진다고 본다. 따라서 성장을 위해서라면 인권이나 환경과 같은 다른 가치도 희생될 수 있다. 이익을 위한 최대치의 성장을 추구하는 자본주의 시장은 필연적으로 생물권에 부정적 영향을 미치는 경제성장을 강제하고, "성장의 결핍은 자본주의와 자유민주주의를 불안정하게 만든다."[9] '전체로서 법'이 환경위기에 대한 대응으로 효과성을 가지려면 성장주의가 추동하는 자연 착취 성향을 제어할 수 있는 조절력을 가져

---

8) Herman Daly, "Growthism: Its Ecological, Economic and Ethical Limits", *Real-World Economics Review* 87, 2019.
9) 자코모 달리사·페데리코 데마리아·요르고스 칼리스, 강이현 옮김, 『탈성장 개념어 사전』, 그물코, 2018, 41쪽.

야 한다. 그러나 기본적으로 경제성장을 공동선의 실현을 위한 불가결한 요소로 전제하는 '자본주의 사회' 내에서는 법 또한 성장을 지원하거나 적어도 방해해서는 안 된다. 이것이 입법과 법의 해석·적용에서 기본값이다. 우리는 이러한 자본주의적 성장의 자장에서 벗어날 수 있을까?

고(故) 홍세화 선생은 생전에 마지막으로 쓴 칼럼에서 "자연이 인간의 지배, 정복, 소유, 추출의 대상일 때, 인간도 다른 인간의 지배, 정복, 수탈, 착취의 대상이었다"며, "소유주의가 끝없이 밀어붙인 성장주의에서 벗어나야 한다"[10]고 당부했다. 그는 개인을 독립된 원자로 보지 않고 사회적 관계의 총화로 보았다. 그리고 "자연과 인간, 동물과 인간, 인간과 인간의 관계는 성장하는 게 아니라 성숙하는 것"이라며, 성장주의에서 벗어날 것을 힘주어 주문했다.

나는 성장주의의 자장에서 벗어나는 좋은 출발점은 개인적으로 또 집단적으로 이 시대에 적합한 '좋은 삶'에 대한 관념을 갖는 것이라고 믿는다. 개인은 각자 자신의 세계관, 인생관, 종교관, 가치관, 역사관에 따라 자율적으로 좋은 삶을 정의하고 이러한 삶을 추구할 수 있다. 한 사회 또한 집단적으로 좋은 삶에 관한 이상을 가질 수 있고 또 이를 법(특히 헌법)에서 표현할 수 있다(물론 이러한 입장에 반대하는 정치철학도 존재한다). 나는 이 연구에서 환경, 생태, 기

---

10) 홍세화, 「마지막 당부: 소유에서 관계로, 성장에서 성숙으로」, 《한겨레》 2023년 1월 13일 자.

후위기 시대에 적합한 좋은 삶이란 무엇인가를 생각해 보려 한다. 이를 위하여 에콰도르 헌법이 제시한 좋은 삶의 방식에서 시작하여 자연의 본래 가치와 고유한 이익의 인정을 전제로 자연의 권리를 법체계에 반영하자는 주장을 거쳐 다시 서구 근대성 패러다임과는 다른 좋은 삶의 방식에 관한 발언인 부엔 비비르(Buen Vivir)에 관한 논의로 마무리하고자 한다.

제1장에서는 에콰도르 헌법에서 좋은 삶과 자연의 권리를 다룬다. 2008년 9월 에콰도르는 자연의 권리 조항을 담은 헌법 개정안을 국민투표로 통과시킴으로써 헌법에서 자연의 권리를 인정한 첫 번째 나라가 되었다. 헌법 전문에서 "자연의 권리를 인정하면서 그와 조화하는 방식"으로 안녕을 추구하는 것이 좋은 삶의 방식이라고 보고 이를 성취하는 국가와 사회를 건설할 것을 다짐하고 있다. 헌법은 부엔 비비르의 권리에 관한 별도의 장[11]을 마련하고 있다. 이 가운데 자연의 존중은 부엔 비비르에서 가장 명확하면서도 널리 수용된 차원이다.

자연의 권리 조항에서 "생명이 재창조되고 존재하는 곳인 자연 또는 파차마마(Pachamama)는 존재와 생명의 순환과 구조, 기능

---

11) 2장 좋은 삶의 권리(Rights of the good way of living). 1절 물과 식량(Water and food), 2절 건강한 환경(Healthy environment), 3절 정보와 의사소통(Information and communication), 4절 문화와 과학(Culture and science), 5절 교육(Education), 6절 거주지와 주택(Habitat and housing), 7절 건강(Health), 8절 노동과 사회보장(Labor and social security).

및 진화 과정을 유지하고 재생을 존중받을 불가결한 권리를 가"
지고 "모든 개인과 공동체, 인민과 민족은 당국에 청원을 통해 자
연의 권리를 집행할 수 있다"고 한다(제71조). 2011년 에콰도르 법
원은 처음으로 자연의 권리 조항을 인용하여 환경영향평가를 하
지 않고 도로 건설 과정에서 발생한 폐기물을 하천에 버린 지방
정부를 상대로 강과 주변 생태계의 원상회복을 구한 원고의 청구
를 받아들였다. 그러나 자연의 권리 조항이 늘 헌법의 본래 취지
에 따라 해석, 적용되는 것은 아니다. 대표적으로 콘도르-미라도
르(Condor-Mirador) 노천 채광 개발 사건에서 법원은 채광 개발 사
업은 '보호지역'에 영향을 미치지 않고, 공익에 해당하는 광산 개
발이익이 사적 목적에 해당하는 시민사회의 자연보호 노력에 우
선하므로 이 사건에서 환경 훼손은 자연의 권리 조항을 위반한 것
은 아니라고 판결했다. 자연의 권리 조항에 따라 제기된 소송 중
원고가 승소한 것도 패소한 것도 있다. 이러한 소송 결과는 겉으
로는 자연의 권리 조항의 해석, 적용을 둘러싼 다툼의 결과로 보
이지만, 그러한 해석, 적용에는 에콰도르의 정치·경제적 개발 구
조와 기득 이익집단의 세력, 사법부의 독립성, 법률가들의 자연의
권리에 관한 법적 소양 등 다양한 변수들이 영향을 미친다. 여기
서 특히 중요한 것은 자연적 실체의 법적 보호를 지지하는 정치적
의지의 향방이다.

제2장에서는 환경보호를 위한 새로운 패러다임으로서 자연의
권리론을 다룬다. 유럽에서 자연의 권리 운동을 주도하는 변호사

품타 이토(Mumta Ito)에 따르면 환경법을 포함한 현행 법체계에 내재한 근본 결함으로 "살아 있는 존재(living beings)를 단순한 객체 내지 재산으로 취급하는 태도, 달리 말하면 자연을 생명의 원천으로 보지 않고 단지 인간에 대한 효용성——곧 자원으로, 재산으로 또는 자연자본으로——에 따라 그 가치를 평가하는 태도를 꼽고, 이것이 자연 파괴를 동반하는 무한 성장에 터잡은 경제 패러다임을 가속화한다"고 한다. 이토는 자연의 생태적 한계 내에서 인간의 경제와 사회 발전을 추구한다는 전략에 기반한 자연의 권리 모델을 따라야 한다며, 이 자연의 권리 모델의 핵심은 자연을 고유한 이익을 가진 이해당사자로서 우리 인간의 법체계 내로 받아들이는 것인데, 이를 위한 핵심 장치가 바로 '자연의 권리'라고 한다.[12]

본문에서 자연의 권리론의 결과를 세 가지로 정리했다. 첫째 자연의 권리는 개체적 권리가 아니라 집단적 권리로 이해해야 한다는 것이다. 조셉 라즈(Joseph Raz)의 권리 공식에 따르면 "집단의 고유한 이익이 타인에 의무 귀속을 정당화하는 데 충분한 중요성을 갖는다"면 권리가 창출될 수 있다. 자연 생태계 자체는 시간 속

---

12) Ito, "Nature's rights: a new paradigm for environmental protection". 여기서 권리는 기본적으로 힘의 불균형을 교정하는 도구라는 전제에서, 인간의 전제(專制)에 대한 강력한 균형 조절 장치로 자연의 권리를 제시하고, 미래 세대를 포함하여 우리 경제와 삶의 기본 토대인 자연의 이익을 대변할 권한을 사람과 정부에 부여하고자 하는 것이다. 이토는 이러한 자연의 권리 모델로부터 '가장 근본적인 권리는 자연의 권리이고, 자연의 권리의 하부시스템으로서 인간의 권리, 인간의 하부시스템으로서 재산 내지 기업의 권리라는 권리의 자연적 위계가 성립한다'는 명제를 도출한다.

| 지속가능성 모델 | 자연의 권리 모델 |

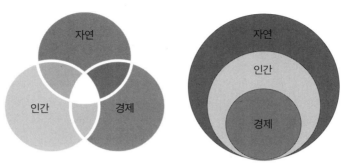

그림 · 지속가능성 모델과 자연의 권리 모델.
(출처: Mumta Ito, 2017. 필자 재구성)

에서 자신의 존재성을 유지할 이익, 자신이 지탱을 돕고 있는 생명 부양 체계의 존재 이익, 그리고 그러한 체계의 재생산과 재생성을 가능하게 하는 조건의 보호 이익 등을 갖는다. 생태계, 예컨대 강은 물과 공기, 돌, 숲, 동식물 그리고 인간 등으로 이뤄진 결합체(assemblage)로, 이러한 의미에서 자연의 권리는 집단적 권리로 볼 수 있다. 둘째 권리가 귀속되는 법 주체성의 문제는 법에서 'person(인, 人)'의 인정 문제로 다루어진다. 법에서 사람은 권한과 의무를 가질 수 있는 실체로 정의된다. 법에서 'person'이란 특정 실체에 법률이 인격(권리주체성)을 의제한 것이라고 보는 의제설(fictional theory)의 이해에 따르면 'person'은 일종의 '사법적 가면'으로 도덕 이론이 고도의 가치성을 부여하는 그러한 가치를 증진하는 데 어떤 실체가 이바지한다면 그 실체는 법에서 'person'

으로 적정하게 취급될 수 있다. 셋째, 자연의 권리를 인정한다면 이른바 대표(representation)의 문제가 발생하는데 이는 후견제도(gaurdianship)로 나타난다. 자연의 권리는 현실에서 후견인에 의해 행사된다. 이러한 후견제도는 크게 두 가지 모델, 곧 에콰도르 모델(전체로서 자연 모델)과 뉴질랜드 모델(특정 생태계 모델)로 나뉜다.

이러한 자연의 권리론의 실천적 함의는 다음과 같다. 첫째 자연의 권리와 인간의 권리 사이 새로운 균형 찾기. 둘째 자연에 법적–정치적 대표의 설정(특별 수탁자(trustee) 등 후견인에 의한 대변을 통해 자연에 고유한 당사자자격 부여). 마지막으로, 자연을 위한 지지 행위로 복원 운동의 강력한 근거 기반 제공. 우리는 특정 자연물에 권리를 인정함으로써 우리는 시민사회와 전문가와 지역사회 등의 포괄적 참여를 통한 포용적 거버넌스를 구축할 수 있고 이를 통해 해당 자연물의 본래 가치와 고유한 이익을 수호할 수 있다. 나아가 자연물의 서식지 보호는 생태계의 효과적인 보전 관리로 이어질 수 있다.

제3장에서는 자연물의 법인격을 다룬다. 특정 생태계에 법인격을 부여하거나 전체 자연 또는 특정 종을 권리주체로 인정하는 법체계는 전 세계에 걸쳐 존재한다. 이는 자연의 권리를 인정하는 범세계적 흐름으로 자연의 권리 인정은 의사결정에서 자연을 독립한 이해당사자로 인정하고, 자연의 이익과 권리를 대표할 후견 체제를 마련하는 의의를 갖는다. 현행 법체계에서 사람의 조직체나 재산의 집합체에 법인격(=권리능력)을 부여하고 있다. 이 연

구에서는 법인을 법인격(=법률에 따른 권리능력)을 갖는 비인간 실체로 간단히 정의한다. 이 정의에 따르면 법인(제도)을 통해 비인간적 실체, 가령 동물이나 인공지능(AI), 또는 자연물(특정 생태계나 종 등)에도 특정 목적을 위하여 법인격을 부여할 수 있고 그 목적 범위에서 해당 실체는 권리능력을 갖는다. 이 중 자연물에 법인격이 부여된 경우를 생태법인(legal eco-person)이라 부른다.

모든 생명은 존속과 번영이라는 '본래 목적성'과 이를 위하여 일정 행위를 수행할 능력인 '행위수행력'을 갖는다는 점에서 인간 존재와 마찬가지로 본래 가치를 지닌 '주체'로 보아야 한다. 권리는 더 이상 인간 존재의 보호에 배타적으로 사용되는 법적 장치일 수 없다. 이 연구에서는 생태법인을 활용하여 제주 남방큰돌고래에 권리능력, 곧 법인격을 부여하는 방안을 구상했다. 생태법인을 통해 제주 남방큰돌고래의 온전한 삶의 유지를 위한 법적 권리를 보장할 수 있게 된다. 남방큰돌고래 권리의 실질적 보장은 결국 핵심 서식지의 보장과 함께 궁극적으로 건강한 해양 생태계에 의존하므로 생태법인으로서 존재 지위의 설정은 해양 생태계의 보호를 위한 입법·행정·사법상의 조치를 정당화하는 타당한 이유가 될 것이다. 이는 장기적으로 현세대뿐 아니라 미래 세대의 건강과 안녕으로 귀결되고 궁극적으로 자연을 인간의 이용 대상이 아니라 상호의존하고 상호연결된 인간과 비인간 주체들의 집합으로 바라보게 할 것이다.

'나가며'에서는 자연의 권리의 미래로서 부엔 비비르를 다룬다.

남미에서 탄생한 부엔 비비르는 기존 개발에 관한 아이디어를 비판하는 동시에 이에 대한 대안을 의미한다.[13] 부엔 비비르는 에콰도르 케추아어로는 수막 카우사이(Sumak Kawsay)라 한다. 수막은 '충만한', '풍요로운', '아름다운'을 의미하며, 카우사이는 '삶', '존재'를 뜻한다. 한마디로 수막 카우사이는 '충만한 삶', '풍요로운 삶'을 의미한다.[14] 부엔 비비르는 물질적으로 또 영적으로 안녕을 암시하면서, 충만하고 균형 잡힌 삶과 인간 존재의 다양한 차원에서의 조화를 특징으로 한다. 부엔 비비르의 정확한 의미와 함의에 관하여 일치된 견해는 없지만, 몇 가지 기본적 요소(자연과의 조화, 원주민의 가치와 원칙의 존중, 기본적 필요의 충족, 국가의 책임으로서 사회정의와 평등, 그리고 민주주의)에 관한 동의는 존재한다. 이는 서구의, 인간 중심적인, 자본주의적 경제 중심의 근대성 패러다임과는 정반대의 것이다.[15] 부엔 비비르는 서로 다른 유래를 가진 지식의 융합을 대표하며 단지 '토속적' 아이디어로 한정될 수 없다.[16] 결국 부엔 비비르는 서로 다른 입장이 개발과 일반적인 근대성에 대한 비판에서 만나는 공통의 플랫폼 또는 분야로 해석되어야 한다.[17] 그리고 "어떠한 경우에든 부엔 비비르는 성장에 대한 토론을 사회

---

13) 달리사·데마리아·칼리스, 앞의 책, 359쪽.
14) 김윤경, 「안데스 원주민의 공동체주의: 수막 카우사이와 아이유」, 『라틴아메리타 생태 위기와 부엔 비비르』, 알렙, 2024, 219쪽.
15) Sara Caria and Rafael Dominguez, "Equador's Buen vivir: A New Ideology for Development", *Latin American Perspectives* 43(1), 2016, pp. 20-21.
16) 달리사·데마리아·칼리스, 앞의 책, 360쪽.
17) 같은 책, 361쪽.

와 환경적 충만에 대한 토론으로 대체한다".[18]

　나는 자연을 존중하고 자연의 권리를 인정하는 방향으로 자연과의 관계의 재정립하며, 그러한 관계 속에서 인간의 안녕을 추구하는 것이 인류 사회의 지속 가능한 미래를 보장하는 불가결한 요소라고 믿는다. 그리고 부엔 비비르 담론은 이러한 방향으로 나아가는 데 있어 좋은 안내 역할을 할 수 있다고 믿는다.

---

18) 같은 책, 362쪽.

CONTENTS

들어가며 환경보호의 새 패러다임, 자연의 권리 · 4

1 에콰도르 헌법에서 좋은 삶과 자연의 권리 · 21

2 자연의 권리론 · 57

3 자연물의 법인격: 생태법인 · 101

나가며 자연의 권리의 미래: 부엔 비비르 혹은 수막 카우사이 · 147

참고문헌 · 156

부록 자연의 권리 연표 · 163

| 일러두기 |

'들어가며'는 박태현, 「오슬로 선언과 좋은 삶」(가제), 『녹색평론』 제189호(2025)를 바탕으로, 제
1장은 박태현, 「에콰도르 헌법상 자연의 권리, 그 이상과 현실」《환경법연구》 제41권 제2호
(2019)의 일부와 박태현, 「인류세에서 지구공동체를 위한 지구법학」《환경법과 정책》 제26권
(2021)을 바탕으로, 제2장은 박태현, 「에콰도르 헌법상 자연의 권리, 그 이상과 현실」《환경
법연구》 제41권 제2호(2019)를 바탕으로, 제3장은 박태현, 「자연의 권리론」《환경법연구》
제44권 제3호(2022), '나가며'는 「자연물의 법인격: '생태법인' 연구」《환경법과 정책》 제31권
제3호(2023)를 바탕으로 일부 내용을 추가 보완하여 작성했다.

그 밖에 코막 컬리넌, 박태현 옮김, 『야생의 법』(로도스, 2016)과 강금실 외, 『지구를 위한 법
학』(서울대학교출판문화원, 2020) 및 김왕배 엮음, 『지구법학: 자연의 권리선언과 정치 참여』
(문학과지성사, 2023)에서 저자가 작성한 부분의 일부 내용을 인용했다.

제 1 장

에콰도르 헌법에서
좋은 삶과 자연의 권리

자연(물)의 권리론 흐름

1972년 크리스토퍼 스톤(Christopher Stone)은 시대의 획을 긋는 논문인 「나무도 당사자적격을 가져야 하는가?(Should Trees Have Standing?)」[1]를 발표했다. 이 글에서 그는 현행법 구조 아래에서 어떻게 자연이 권리가 없는 것으로 다루어지는지를 서술하며, 자연물(natural objects)에도 법적 권리를 인정할 수 있음을 설득력 있게 논증했다. 그러나, 실제 자연물이 당사자가 된 소송에서, 자연물에 사실상 권리주체성을 인정한 법정은 없었다.

미국에서 멸종 위기종 내지 보호종을 원고로 내세운 이른바 '자연의 권리' 소송이 다수 제기되었다. 대표적으로 미국의 하와

---

1) Christopher Stone, "Should Trees Have Standing?: Toward Legal Rights for Natural Objects", *Southern California Law Review* 45, 1972, pp. 450-501; 크리스토퍼 스톤, 허범 옮김, 『법정에 선 나무들』, 아르케, 2003.

이 새 빠리야 사건(palilla, 1979), 점박이올빼미 사건(Northern Spotted Owl, 1988), 그래엄산 붉은 다람쥐 사건(Mt. Graham Red Squirrel, 1991), 하와이 까마귀 사건(Hawaiian Crow Alala, 1991), 돌고래 카마 사건(Kama, 1993), 플로리다 사슴 사건(Key Deer, 1994), 바다오리 사건(Marbled Murrelet, 1996) 등을 들 수 있다.[2] 하와이 까마귀 사건과 돌고래 카마 사건을 제외하고는 모두 당사자적격이 인정되었는데, 두 사건에서는 피고가 '자연물 원고'에 대해 이의를 제기했고, 나머지 사건에서는 피고가 이의를 제기하지 않고 넘어갔기에 당사자적격이 인정되었다.[3] 독일에서는 1988년 북해 바다표범들이 떼죽음을 당하자 바다표범의 이름으로 서식지에 독성 중금속 유입 방지를 구하는 소송이 제기되었지만, 법원은 법적 주체성은 인간에게만 인정될 수 있다며 소를 각하했다.[4] 일본에서도 동물을 원고로 내세운 소송이 여러 건 제기되었는데, 이 중 가장 유명한 사건은 1995년 아마미쿠로우사기, 즉 야생토끼를 원고로 하여 「산림법」에 근거한 개발허가처분의 취소를 구한 행정소송이다.[5] 한국 법원에도 2003년 도롱뇽이 당사자가 되어 서식지에 부정적 영향을 끼칠 수 있는 고속철도 공사의 금지를 구하는 이른바 도롱뇽 소송이 제기된 바 있다. 이 사건에서, 대법원은 "자연물인 도롱뇽

---

2) 간략한 소개는 한삼인·강홍균, 「자연의 권리 소송에 관한 고찰」,《법학연구》 24, 2006, 463-465쪽.

3) 같은 글, 465쪽.

4) 같은 글, 467쪽.

5) 같은 글, 466-467쪽.

또는 그를 포함한 자연 그 자체는 소송을 수행할 당사자 능력을 인정할 수 없다"며 소송을 각하했다.[6]

각국 법원의 이러한 태도에도 자연에 권리를 인정해야 한다는 논의는 줄곧 이어져 왔는데 대표적으로 다음과 같은 것이 있다.

- 1989년 환경윤리학자 로데릭 내쉬(Roderick Nash)는 『자연의 권리』[7]에서 역사를 통해 권리 없는 존재(the right-less)—노예, 여성 그 밖의 존재—가 법적 권리 체계 안에서 자신들을 인정받기 위하여 어떻게 투쟁해 왔는지를 체계적으로 설명했다.

- 2001년 토마스 베리는 「권리의 기원과 분화 그리고 역할(The Origin, Differentiation and Role of Rights)」[8]에서 지구 공동체 모든 성원이 어떻게 또 어떠한 내재적 권리를 갖는지를 우주론·생명진화론의 과학적 시각에서 기술했다.

- 2003년 남아프리카공화국 출신의 법률 실무가 코막 컬리넌(Cormac Cullinan)은 『야생의 법』[9]에서 토마스 베리와 함께 스톤과 내쉬가 촉발한 자연의 권리에 관한 법적·역사적 논의에 중요한 영

---

6) 대법원 2006. 6. 2. 자 2004마1148,1149 결정.

7) Roderick F. Nash, *The Rights of Nature: A History of Environmental Ethics*(4th ed.), University of Wisconsin Press, 1989.

8) Thomas Berry, "The Origin, Differentiation and Role of Rights", 2001, https://www.ties-edu.org/wp-ontent/uploads/2018/09/Thomas-Berry-rights.pdf.

9) Cormac Cullinan, *Wild Law: A Manifesto for Earth Justice*, Green Books, 2003; 코막 컬리넌, 박태현 옮김, 『야생의 법: 지구법 선언』, 로도스, 2016.

적, 도덕적 요소를 추가하면서 자연의 권리에 관한 새로운 논의의
장을 열었다.

이러한 흐름 속에 2008년 9월 에콰도르는 자연의 권리 조항
을 담은 헌법 개정안을 국민투표로 통과시킴으로써 헌법에 자연
의 권리를 인정한 첫 번째 나라가 되었다. 2022년에는 칠레가 헌
법을 개정해 제9조에서 "개인과 국민은 자연과 상호의존적 관계
가 있으며 이들은 한데 어우러져 분리할 수 없는 하나를 이루"며,
"자연은 권리를 가지며 국가와 사회는 이 권리를 보호하고 존중
할 의무를 지닌다"고 명시했다.[10] 주(州) 차원에서는 멕시코 게레
로주가 2014년 헌법을 개정하여 제2조에서 "사전주의 원칙은 경
제 발전의 기반이 되고, 국가는 개별 법률에서 자연의 권리를 보
장, 보호하여야 한다"고 명시했다. 이 헌법에서는 모든 형태의 생
명 존중을 자유, 민주주의, 평등 및 사회 정의와 더불어 법 질서
와 정치 질서 그리고 사회 질서의 최고 가치로 인정하고 있다. 또
한 2017년 멕시코시티는 "권리주체인 집합적 실체로서 생태계와
종들로 구성되는 자연의 권리의 광범한 보호"를 인정하고, 규율
하는 그러한 자연의 권리에 관한 법의 입법을 명하는 조항을 포함
하는 새 헌법[11]을 통과시켰다. 시 차원에서 2018년 브라질 보니뚜

---

10) 양은미, 「생태적 전환을 위한 브라질 사회의 실천: 자연권 입법화 과정과 과제」,
『라틴아메리카 생태 위기와 부엔 비비르』, 알렙, 2024, 122쪽.
11) Constitution of Mexico City, Article 13, paras. 2-3.

크리스토퍼 스톤의 자연물의 권리론[11]

크리스토퍼 스톤은 "권리란 그 권리의 침해에 대한 이의를 다룰 수 있는 권위 있는 공공기구에 의해 승인될 때 비로소 존재한다"는 기본 입장을 전제로 어떤 것이 그 자체의 존엄성과 가치에 기초하여 자신의 법적 권리를 인정받기 위해서는 세 가지 조건 모두를 충족해야 한다고 했다. 그것은 첫째, 스스로 법적 행위(소송)를 할 수 있어야 하고, 둘째, 법적 구제 여부를 결정할 때 그것에 대한 손실을 법원이 고려할 수 있어야 하며, 마지막으로, 법적 구제를 통해 그것의 이익이 증진될 수 있어야 한다는 것이었다.

스톤은 자연물도 이 세 가지 요건이 모두 충족될 수 있음을 설득력 있게 논증했다. 먼저 자연물은 어떻게 '법적 행위'를 할 수 있을까? 스톤은 자연물의 이익을 대변하기 위해서 후견인(guardian)이나 보호자(conservator), 또는 피신탁자(trustee)를 지정할 수 있다고 한다. 법원은 자연물의 손실을 어떻게 고려할 수 있을까? 스톤은 자연물은 우리가 동의할 수 있는 '이익'을 가지며 또 그 이익의 침해를 우리가 인식할 수 있다고 한다. 가령, 스모그로 인하여 멸종 위기에 처한 소나무의 후견인이자 소송대리인은 피후견인인 소나무가 스모그가 사라지기를 바란다고 자신 있게 말할 수 있다고 한다. 마지막으로 법적 구제를 통해 자연물의 이익이 증진될 수 있을까? 스톤은 자연물의 손해를 배상하는 법적 치유책이 유의미하다며 우리는 환경을 온전한(whole) 상태로 만드는 것을 법적 표준과 목표로 삼을 수 있으므로 책임 당사자에게 자연물이 건강을 회복하는 데(즉 침해되기 전 상태로 돌아가는 데) 드는 비용을 청구할 수 있다고 한다.

시가 시의 기본법에 자연권을 명시함으로써 브라질 최초로 자연권을 인정하는 시가 됐다. 보니뚜시의 자연권은 6장 환경 장에 제236조와 1개의 단독 조항을 통해 명시돼 있다. 기본법 제236조는 다음과 같다. "보니뚜시는 자연의 존재하고 번영하고 진화할 권리를 인정하며, 보니뚜 시 자연 공동체의 모든 인간 및 비인간 구

---

12) 조제프 R. 데자르뎅, 김명식 옮김, 『환경윤리』, 자작나무, 1999, 183-186쪽.

성원에게 생태적으로 건강하고 균형 잡힌 환경과 삶의 질에 필요한 생태계 프로세스의 유지에 대한 권리를 보장하기 위해 조처를 해야 한다. 이때 지구 공동체 구성원의 현재 및 미래 세대를 위한 그 권리를 보호하고 보존하는 것은 공권력과 집단의 노력에 달려 있다. 단독조항에서는 "이 권리의 유효성을 보장하기 위해 시는 환경, 보건, 교육, 경제 분야에서 이에 부합하는 관련 정책 확대를 추진함으로써 자연과의 조화를 이루는 삶의 수립하기 위한 여건을 조성"한다고 한다.[13]

헌법의 이상: 부엔 비비르 혹은 수막 카우사이

2008년 통과된 에콰도르 헌법은 전문(前文)에서는 부엔 비비르(Buen Vivir; the good way of living)와 자연의 권리를 천명하고 있다.

주권자로서 에콰도르 국민은

…

자연, 곧 우리가 한 부분으로 속하고 우리 존재에 필수적인 파차마마(어머니 지구)를 기념하고

…

---

13) 양은미, 앞의 글, 132쪽. 보니뚜시가 자연권을 인정한 이후 보니뚜시에서 일어난 관련 변화에 대해서는 같은 글, 134쪽 이하 참고.

현재와 미래에 대한 깊은 헌신으로,

- 다양성과 자연과의 조화 속에서 좋은 생활 방식을 성취하기 위한 **새로운 형태의 공공 공존**
- 모든 차원에서 **개인과 공동체 집단의 존엄성을 존중하는 사회**;
- 시몬 볼리바르와 엘로이 알파로의 꿈인 라틴아메리카 통합과 지구상의 모든 민족과의 평화와 연대에 헌신하는 **민주적 국가**를 건설할 것을 다짐한다.

이처럼 에콰도르 헌법은 '자연의 다양성과 자연과의 조화 속에서 시민들을 위한 새로운 양식의 공존 질서'를 정립함으로써 '부엔 비비르', 곧 좋은 삶의 방식(the good way of living)을 성취하고자 하는 에콰도르 국민의 의도를 뚜렷하게 드러내고 있다. 이러한 전문에 헌법 제7장 자연의 권리 조항의 내용을 보태어 보면 에콰도르 헌법은 '자연의 권리를 인정하면서 그와 조화하는 방식'으로 안녕(well-being)을 추구하는 것이 좋은 삶의 방식이라고 보고 이를 성취하는 국가와 사회를 건설할 것을 다짐하고 있다.

부엔 비비르는 물질적으로 또 영적으로 안녕을 암시하면서, 충만하고 균형 잡혀 있는 삶과 인간 존재의 다양한 차원에서의 조화를 특징으로 한다. 부엔 비비르의 정확한 의미와 함의에 관하여 일치된 견해는 없지만, 몇 가지 기본적 요소에 관한 동의는 존재한다. 즉, **자연과의 조화, 원주민의 가치와 원칙의 존중, 기본적 필요의 충족, 국가의 책임으로서 사회 정의와 평등**, 그리고 **민주주의**다. 이는 서구의, 인간중심적인, 자본주의적 경제 중심의 근대성 패러다임과는 정반대의 것이다.[14] 에콰도르 헌법은 부엔 비비르의 권리에 관한 별도의 장[15]을 포함하고 있다. 이 가운데 **자연의 존중**은 부엔 비비르에서 가장 명확하면서도 널리 수용된 차원이다.

> **2장. 좋은 삶의 권리(Rights of the good way of living)**
>
> 1절. 물과 식량(Water and food)
>
> 2절. 건강한 환경(Healthy environment)
>
> 3절. 정보와 의사소통(Information and communication)
>
> 4절. 문화와 과학(Culture and science)
>
> 5절. 교육(Education)
>
> 6절. 거주지와 주택(Habitat and housing)
>
> 7절. 건강(Health)
>
> 8절. 노동과 사회보장(Labor and social security)

여기에서 부엔 비비르의 지속가능성을 보장할 수 있는, 건강하고 생태적으로 균형 잡힌 환경에서 살아갈 사람들의 권리를 인정하고 있다. 환경의 보존, 생태계와 생물다양성 및 유전적 유산의

---

14) Sara Caria and Rafael Dominguez, "Equador's Buen vivir: A New Ideology for Development", *Latin American Perspectives* 43(1), 2016, pp. 20-21.
15) CHAPTER 2. Rights of the good way of living.

온전한 보전, 환경 손상의 예방 및 훼손된 자연 공간의 복원은 공익으로 선언된다(제14조). 부엔 비비르는 생명에 대한 '생명중심적(biocentric)'인 이해를 요청하는데, 여기서 자연은 자신의 권리를 가지고 인간 생활에의 가치 여부와 상관없이 본래적 중요성을 지닌다. 그 결과 부엔 비비르는 자연을 착취하는 경제 모델을 통해서는 성취될 수 없다. 부엔 비비르를 '새 사회계약(a new social pact)' 또는 '공존의 새 계약(new pact of coexistence)'으로 부르는 르네 라미레즈(Rene Ramirez)는 "에콰도르 사회가 서명한 새 사회계약은 수출에 의존하는 경제와 공존할 수 없다"[16]고 한다.

부엔 비비르는 '수막 카우사이(Sumak Kawsay)'(케추아어인 수막 카우사이에서 '수막'은 '충만한', '풍요로운', '아름다운'을 의미하며, 카우사이는 '삶', '존재'를 뜻한다. 한마디로 수막 카우사이는 '충만한 삶', '풍요로운 삶'을 의미한다)[17]와 동일시된다. 수막 카우사이는 원주민의 세계관에서 유래한 것으로 공동체적 체계로서 자연과 인간, 인간과 인간 사이 공생의 가치를 중시한다. 이러한 원주민 철학은 사람과 동식물 그리고 무생물을 포함하여 모든 존재가 관계로 연결되어 있고 상호 영향을 미친다는 '우주적 윤리' 관점에 서 있다는 점에서 근대성이 갖는 '인본주의(人本主義)'의 틀을 넘어서는 철학이다.[18] 안데스 원

---

16) Caria and Dominguez, "Equador's Buen vivir", 17, p. 20.
17) 김윤경, 「안데스 원주민의 공동체주의: 수막 카우사이와 아이유」, 『라틴아메리카 생태 위기와 부엔 비비르』, 알렙, 2024, 219쪽.
18) 상세히는 조영현·김달관, 「에콰도르 원주민 사상과 세계관의 복원: 수막 카우사이 (Sumak Kawsay)에 대한 이론적 고찰」, 《중남미연구》 31(2), 2012.

주민이 추구하는 수막 카우사이의 핵심 내용은 공동체에서의 조화와 공존이다. 즉 연대와 통일을 토대로 인간과 인간, 인간과 자연이 조화를 이루는 삶으로, 이것이 가능할 때 인간의 삶이 물질적으로나 정신적으로 균형을 이루며 풍요로워지고 충만해진다고 본다.[19] 안데스 국가인 에콰도르는 남아메리카 안데스 지역의 고래로부터 이어온 사회에서 나온 세계관에 따라 경제적·사회적·문화적·환경적 권리의 관념을 이해한다. 부엔 비비르는, 다양성은 곧 풍부함이고, 상호문화성(interculturality)[20]은 (이상적인) 고대 원주민 전통에서의 정의와 평등에 기반한 새로운 사회를 달성하는데 필수적이라는 확고한 믿음에 기반한다.[21] 근대성 패러다임 및 발전 개념에 대한 비판으로서 부엔 비비르를 본다면, 부엔 비비르는 주류 발전 담론의 토대를 거부한다.[22] 라미레즈는 이를 다음과

---

19) 김윤경, 앞의 글, 219쪽. 여기서 공동체라는 것은 좁게는 원주민들이 사는 촌락 공동체를 뜻하지만, 넓게는 인간을 둘러싸고 있는 자연, 더 나아가 우주를 의미한다고 한다.

20) 상호문화주의는 여러 문화의 단순한 공존을 넘어 문화 간의 대화와 소통을 통해 공유하는 문화를 만들어내려는 이념이다. 문화 간 의사소통과 상호관계가 핵심이다. 상호주관성에 기반하여 공유하는 새로운 정체성을 찾고 서로에게 문화적 다양성이 힘이 되도록 하는 것이 중요하다. 다른 문화에 대한 현상학적 이해, 문화 간의 상호작용, 공유 가능한 문화성 창출 등은 상호문화주의가 기반하는 원리이다. 이러한 요소들은 인간을 존중하는 윤리성이 전제되어야 하고, 다양한 문화를 적극 이해하고 포용하겠다는 의지가 기반되어야 한다(김창근, 「상호문화주의의 원리와 과제: 다문화주의의 대체인가 보완인가?」,《윤리연구》1(103), 2015, 183-214쪽).

21) Caria and Dominguez, "Equador's Buen vivir", p. 20.

22) 이와 관련하여 수막 카우사이가 서구의 경제성장 중심의 발전 패러다임에 대한 대안 패러다임이 될 수 있는 가능성이 있는지에 관해서는 조영현·김달관, 앞의 글 151-155쪽; 김은중, 「발전 담론과 수막 카우사이(Sumak Kawsay)」,《중남미연구》 32(2), 2013, 99-105쪽 참고.

2008년 에콰도르 헌법 개정 경위

에콰도르는 10년간 극도의 정치적, 경제적 불안정을 겪고 난 뒤 2006년 라파엘 코레아 (Rafael Correa)가 대통령으로 당선되었다. 좌파 지식인과 원주민 그 밖의 사회 운동 단체들이 연대한, 조국주권고양운동(Alianza PAIS)이라 불리는 정치적 운동의 지지에 힘입어 권력을 거머쥔 그는 신자유주의적 경제 정책을 대체할 대안적 발전 방안을 내놓아야 했다. 코레아는 이를 위한 핵심 조치로 우선 헌법을 다시 쓰고자 했다. 헌법 제정에 버금가는 수준의 개정 작업은 상당히 참여적인 과정이었다. 제헌의회는 시민사회 단체들이 제출한 3,000건 이상의 제안을 검토했다. 이러한 참여적 과정은 자연의 권리 운동가들에게도 입법에 영향력을 행사할 수 있는 적절한 기회를 제공해 주었다. 자연의 권리 지지자들(주로는 원주민과 환경 운동가 및 환경 법률가)은 환경 전문 변호사로 구성된 단체인 환경보호기금 (The Community Environmental Legal Defense Fund, CELDF)과 협력하여 자연의 권리 조항의 초안을 작성했다. 저명한 경제학자이자 전 에너지부장관인 제헌의회 의장 알베르토 아코스타(Alberto Acosta) 또한 이 아이디어에 공감하며, 헌법 의회 내에서 보편적 지지를 받지 않았음에도 최종 헌법 개정안에 자연의 권리 조항이 포함될 수 있도록 지원했고, 마침내 2008년 에콰도르 국민은 이를 승인한 것이다.[23] 이로써 2008년 9월 에콰도르는 세계 최초로 헌법전(典)에 자연의 권리 조항을 둔 나라가 되었다.

같이 설명한다. "공존의 새 계약은 생산/경제 영역 및 소비에 중점을 두는 서구의 문명화 제안에 대비되는 것으로 새로운 세계의

---

23) Craig M. Kauffman and Pamela L. Martin, "Testing Ecuador's Rights of Nature: Why Some Lawsuits Succeed and Others Fails", paper presented at the annual convention of the International Studies Association, Atlanta, Georgia, March 18, 2016, pp. 3-4. (크레이그 카우프만과 파멜라 마틴은 2017년 이를 더 발전시켜 다음 글을 발표했다. Craig M. Kauffman and Pamela L. Martin, "Can Rights of Nature Make Development More Sustainable? Why Some Ecuadorian Lawsuits Succeed and Others Fail", *World Development* 92, 2017, pp. 130-142.)

구축을 강조한다."[24]

자연의 권리 조항

에콰도르 헌법은 자연의 권리(Rights of Nature)를 독립된 장(제7장)에서 정하고 있다.

- 제71조: 생명이 재창조되고 존재하는 곳인 자연 또는 파차마마(Pachamama)는 존재와 생명의 순환과 구조, 기능 및 진화 과정을 유지하고 재생을 존중받을 불가결한 권리를 가진다. 모든 개인과 공동체, 인민들과 민족은 당국에 청원을 통해 자연의 권리를 집행할 수 있다.[25]
- 제72조: 자연환경이 침해된 경우에는 그 침해된 자연에 의지

---

24) Caria and Dominguez, "Equador's Buen vivir", p. 21.
25) 원문은 다음과 같다. ARTICLE 71. Nature, or Pacha Mama, where life is reproduced and occurs, has the right to integral respect for its existence and for the maintenance and regeneration of its life cycles, structure, functions and evolutionary processes. All persons, communities, peoples and nations can call upon public authorities to enforce the rights of nature. To enforce and interpret these rights, the principles set forth in the Constitution shall be observed, as appropriate.The State shall give incentives to natural persons and legal entities and to communities to protect nature and to promote respect for all the elements comprising an ecosystem.

해 살아가는 개인과 공동체에 대한 보상 의무와는 별도로 자연 자체도 원상회복될 권리를 갖는다.[26]

- 제73조: 국가는 종의 절멸이나 생태계 훼손 또는 자연 순환의 영구적 변경을 초래할 수 있는 활동을 미리 방지할 수 있는 제한 조치를 해야 한다.[27]
- 제74조: 개인과 공동체, 인민과 민족은 환경으로부터 혜택과 좋은 삶의 방식의 향유를 가능케 하는 자연의 부에 대한 권리를 가져야 한다.[28]

에콰도르 헌법에 따르면 자연은 크게 두 가지의 권리를 갖는데,

---

26) 원문은 다음과 같다. ARTICLE 72. Nature has the right to be restored. This restoration shall be apart from the obligation of the State and natural persons or legal entities to compensate individuals and communities that depend on affected natural systems.In those cases of severe or permanent environmental impact, including those caused by the exploitation of nonrenewable natural resources, the State shall establish the most effective mechanisms to achieve the restoration and shall adopt adequate measures to eliminate or mitigate harmful environmental consequences.

27) 원문은 다음과 같다. ARTICLE 73. The State shall apply preventive and restrictive measures on activities that might lead to the extinction of species, the destruction of ecosystems and the permanent alteration of natural cycles. The introduction of organisms and organic and inorganic material that might definitively alter the nation's genetic assets is forbidden.

28) 원문은 다음과 같다. ARTICLE 74. Persons, communities, peoples, and nations shall have the right to benefit from the environment and the natural wealth enabling them to enjoy the good way of living. Environmental services shall not be subject to appropriation; their production, delivery, use and development shall be regulated by the State.

"존재 자체와 생명의 순환과 구조, 기능 및 진화 과정을 유지하고 재생을 존중받을 권리"와 "회복될 권리"다.

이러한 자연의 권리 인정이 쉽게 이루어진 것은 아니다. 2008년 제헌의회에서 자연권을 둘러싼 논쟁은 뜨거웠다.[29] 인격과 이성이 없는 자연에 권리주체성을 인정할 수 없다는 견해에 따르면 인간만이 권리나 가치의 주체로 인정받을 수 있고, 자연을 보호하는 것은 그것이 주체이기 때문이 아니라 그렇게 하는 것이 인간에 이롭고 옳기 때문이라며, 환경에 대한 인간의 책임을 확대하고 강조하는 방향으로 나아가고자 했다. 그러나 자연권을 주장하는 측에서는 인간이 상정하는 유용성과 가치에 종속되지 않는 자연의 본원적 가치를 인정하고 여기에서 권리를 가질 권리를 연역했다. 인간이 태어날 때부터 천부적 가치를 가진다면, 인간 이외의 존재들도 그러한 가치를 지닌다는 것이다. 에콰도르 원주민들은 인간중심적 관점이 아닌 생명·생태중심의 관점에서 사유한다. 그리고 수막 카우사이를 말하는 학자들은 인간중심적 권리인 인권만 존재하는 것이 아니라 자연권(혹은 생태권)도 존재하며, 이제는 그것이 요청되는 시대에 우리가 살고 있다는 입장이다.[30]

---

29) 논쟁은 조영현·김달관, 앞의 글, 143-144쪽을 요약, 정리한 것이다.
30) 에콰도르에서 원주민 인구 비율은 자료에 따라 제각각이지만 에콰도르 총인구에서 15-30퍼센트 정도를 차지하는 것으로 나타난다. 그러나 인구 센서스가 아닌 원주민 정체성 연구에 의하면, 에콰도르 총인구에서 원주민이라고 자신 스스로 생각하고 원주민 조건에 맞는 원주민 인구는 80-85만 명 정도이다. 따라서 정체성에 따른

자연의 권리 소송: 판결[31]

자연의 주체성을 전제로 '권리 부여'를 통하여 그 당사자성 내지 주체성을 법체계 내로 받아들이자는 제안에 여러 가지 생각들이 교차하며 다음과 같은 하위 질문들이 잇따라 제기될 것이다. 자연에 권리를 부여한다는 것은 실제 어떤 것일까? 구체적으로 자연에 어떠한 내용의 권리를 부여한다는 것일까? 자연의 권리를 인정된다면 그것이 침해되거나 침해가 우려되는 경우 누구에 의해 어떻게 권리가 방어되고 또 회복될 수 있을까? 세계에서 처음으로 헌법에서 자연의 권리를 인정한 에콰도르 헌법 조항과 이 조항에 근거하여 일어난 소송 사례를 살펴봄으로써 이 같은 질문들에 대한 답변의 구체적인 실마리를 얻고자 한다.

원주민 비율은 총인구 1,480만 명(2010년)을 기준으로 약 17퍼센트이다(김달관, 「에콰도르 원주민 운동의 등장배경과 변천과정: 국민국가형성부터 현재까지」, 《이베로아메리카 연구》21(2), 2010, 27쪽).

31) 소송 사례들은 판결문 등 관련 자료가 스페인어여서 자료 접근에 상당한 제약이 있어 불가피하게 카우프만과 마틴의 글에 전적으로 의존할 수밖에 없었다. Kauffman and Martin, "Can Rights of Nature Make Development More Sustainable? Why Some Ecuadorian Lawsuits Succeed and Others Fail". 한국어 문헌으로는 조희문, 「중남미에서의 자연권에 관한 이론과 실제」, 《외법논집》44(3), 2020; 조희문, 「인간중심적 환경헌법에서 생태중심적 환경헌법으로: 라틴아메리카 국가들의 기여」, 《중남미연구》40(3), 2021을 참고할 수 있다.

빌카밤바 강(Vilcabamba River) 사건[32]

자연의 권리 조항을 원용한 원고가 승소한 최초의 사례다.[33] 로야(Loja) 지방정부는 환경영향평가를 하지 않고 도로 건설 과정에서 발생한 폐기물을 하천에 버렸다. 이 투기 행위로 인해 하천 유량이 증가하고, 또 하천 유수의 흐름이 바뀌면서 장마 때 홍수가 발생해 지역 생태계 및 원고의 재산을 침해했다. 이에 원고는 강과 주변 생태계를 원상회복하라며 강의 이익을 위한 소(보호조치 청구)를 제기했다.

2010년 1심 법원[34]은 원고에게 원고적격이 없다며 보호조치 청구를 기각했다. 그러나 항소심 법원은 헌법에 자연의 권리 조항이 있으므로 원고는 자연의 권리를 위하여 제소할 수 있으며, 이 경우 원고는 자신의 손상이 아니라 자연의 손상을 증명하면 충분하다고 했다. 그리고 지방정부에 환경부가 특정하는 조치를 통해 생태계를 회복할 것을 명하며 강의 이익을 위한 원고의 보호조치 청구를 인용했다.

---

32) R. F. Wheeler and E. G. Huddle v. Attorney Gen. of the State of Loja, (2011) Judgment No. 11121-2011-0010 (Loja Provincial Court of Justice Mar. 30, 2011). 상세는 Erin Daly, The Ecuadorian Exemplar: The First Ever Vindications of Constitutional Rights of Nature, 21 Rev. European Community and Int'l Envtl. L. 63-66 (2012) 참고.

33) Natalia Greene, "The First Successful Case of the Rights of Nature Implementation in Ecuador", The Global Alliance for the Rights of Nature, October 9, 2016, http://therightsofnature.org/first-ron-case-ecuador/.

34) Huddle v Provincial Government of Loja First Instance Decision, https://ecojurisprudence.org/initiatives/huddle-v-provincial-government-of-loja/.

항소심 법원[35]은 먼저 "부정할 수 없는 자연의 기본적, 핵심적 중요성에 관심을 집중하고, 또 명백한 훼손 과정을 고려한다면, 환경 피해를 즉각적으로 구제하는 유일한 방법으로 헌법상 보호 조치 청구는 적합하고 또 효과적"이라고 했다. 또, 사전주의 원칙 (the precautionary principle)에 따라 특정 지역에서 수행되는 개발 사업이 환경오염이나 피해를 일으키지 않을 것이라는 점이 객관적으로 증명되기 전까지는 오염의 예방 또는 구제의 청원에 필요한 것을 행함으로써 자연의 권리의 즉각적 보호와 법적 보호 감독을 우선 고려하는 것은 판사의 책임이라고 했다. 환경과 관련해서 피해를 확실히 일으킬 행위는 물론 피해를 일으킨 개연성 있는 행위도 고려해야 한다고 지적했다. 또, 자연의 피해는 그 영향이 현세대뿐 아니라 미래 세대에도 미친다는 의미에서 세대에 걸친 피해 (generational damages)라고 하며, 증명 책임 전환의 원칙을 채용해 원고가 피해의 현존성을 증명해야 할 필요가 없고, 도로 확장을 행정적으로 실시한 지방정부가 도로 확장이 환경에 아무런 영향을 미치지 않을 것을 증명해야 한다고 했다. 주민들이 도로 확장을 원한다는 지방정부의 주장에 대해서는 이 사안이 도로 확장을 문제 삼는 것이 아니라 헌법상 자연의 권리의 존중을 문제 삼고 있다는 점에서 주민의 헌법상 권리의 충돌이나 주민들의 희생이 없다고 했다. 이러한 이유로 법원은 로야 지방정부에 "30일 이내 빌

---

35) Huddle v Provincial Government of Loja Appeals Decision, https:// ecojurisprudence.org/initiatives/huddle-v-provincial-government-of-loja/.

카밤바 강 주변 지역의 정화/복원 계획과 개발 사업에서 발생한 폐기물의 투기 및 야적으로 지역주민들에게 끼친 피해의 회복 계획 및 환경 당국의 권고 이행 계획을 제출할 것을 명하는 등 여러 가지 명령을 발했다.[36)]

메탄가스의 처리 설비 설치 금지 청구 사건

2009년 원고들은 피고 농업회사(PRONACA)가 소유하는 양돈 시설에서 배출되는 메탄가스의 처리 설비가 헌법상 건강권과 안전하고 깨끗한 환경에 대한 권리를 침해한다고 주장하며 그 설비의 설치 금지를 구하는 소를 제기했다. 법원은 해당 설비의 설치를 허용하되 설비 운용을 감시하고 모니터하는 위원회의 설치를 명함으로써 적정한 물 이용과 폐기물의 처리, 그리고 시민과 공동체의 권리 보호를 보장했다.

이 사건에서 원고들은 명시적으로 자연의 권리 조항을 원용하지 않았다. 하지만 법원은 자연의 권리 조항을 직권으로 원용해 위원회 설치 결정은 깨끗한 환경에서 생활할 수 있는 권리의 보호

---

36) 그 밖의 법원의 주문 내용은 다음과 같다. 2. 로야 지방정부는 즉시 환경부에 도로 건설을 위한 환경 허가 신청을 해야 한다. 3. 연료저장탱크 및 기계설비 주변의 토양에 유류 누출을 방지할 안전 제방의 건설, 유류 누출에 의한 오염 토양의 정화, 적정한 도로 표지 체계의 이행, 건설 폐기물을 저장할 장소 마련 등과 같은 교정적 조치를 이행해야 한다. 4. 로야 지방정부는 환경부 내 환경질보호국의 권고를 준수해야 한다. 5. 환경부 지역청장과 로야(Loja), 엘 오로(el Oro), 자모라(Zamora), 친치페(Chinchipe) 등 옴부즈만 사무국으로 구성된 위원회를 구성해 판결에 따른 명령의 이행을 감독해야 한다. 6. 피고는 필요한 환경 허가를 받지 않고 도로 건설을 시작한 데 대해 지방 신문에 4분 1 크기의 지면으로 공개 사과해야 한다.

차원에서뿐 아니라 회사가 이 지역에 들어서기 전의 상태로 자연이 회복될 권리를 포함한 자연의 권리를 보호하는 차원에서 법원이 담당해야 할 역할에 근거하고 있음을 밝혔다.

산타 크루즈(Santa Cruz) 사건

2012년 18명의 시민은 법원에 지방정부를 상대로 관광 성수기 동안에는 찰스 다윈의 거리에서 건설 공사를 중단할 것을 청구했다. 당시 지방정부는 이 개발 사업에 대한 환경 허가를 받지 않았는데 시장은 관광 성수기 전에 신속하게 도로를 정비할 권한을 갖는다고 주장했다. 원고는 절차상의 문제를 제기했으나 재판부는 자연의 권리를 인용했다. 도로 정비 예정 지역은 일부 종의 서식지에 해당하며, 특히 바다이구아나와 그 밖의 다른 종의 이동 경로를 가로지른다는 점을 지적했다.

재판부는 자연의 권리 조항을 인용해 특히 이동 시기에 서식지의 보호를 보장할 수 있는 환경영향평가에 기초해 환경 허가를 받기 전까지 공사를 중단할 것을 명했다. 재판부는 특히 헌법상 사전주의적 보호조치와 권리 간 위계성을 언급하며, 빌카밤바 강 사건을 선례로 인용해, 법원은 정부의 공공 사업을 수행할 능력을 보호해야 할 의무보다 자연을 보호해야 할 의무를 우선해야 한다고 판시했다.

콘도르-미라도르(Condor-Mirador) 노천 채광 개발 사업 사건

2012년 3월 에콰도르 정부는 중국인 소유의 광산회사와 아마존 지역(Zamora-Chinchipe)에서 개발 예정인 대규모 노천 채광 사업 계약을 체결했다. 사업 시행에 따른 환경영향이 특히 문제가 되었는데 사업 예정 지역은 지구에서 가장 생물다양성이 풍부한 지역 중 하나로 멸종 위기에 처한 토착종(특히 양서류)의 원서식지다. 또한 개발 사업은 관개·생활용수로 이용되고, 다양한 동식물 종이 서식하는 두 개의 강 유역에 위치한다.

광산회사가 작성한 환경영향평가서에는 노천 광산이 자연의 권리 침해로 기술될 정도로 자연에 영향을 끼칠 수 있다고 기술되어 있다. 이러한 영향에는 멸종 위기종의 서식지로, 하나 이상 종의 절멸을 초래할 수 있는 생태계의 전면적인 형질 변경과 지표수 및 지하수를 중금속과 유독물질로 오염시킴으로써 주변 유역의 생태계에 초래될 수 있는 재앙이 포함되어 있다.

2013년 1월 원주민과 환경·인권 시민단체, 광산 주변의 공동체는 광산회사와 계약 당사자인 자연자원부(Non-Renewable Natural Resources) 장관 및 허가를 해준 환경부장관 등을 상대로 법원에 보호조치 청구를 제기했다. 원고들은 소송에서 광산 개발 사업이 헌법에서 명시적으로 금지되는 환경영향을 초래할 수 있다는 과학적 조사 결과에 비춰 이러한 행위는 헌법상 자연의 권리 조항의 위반에 해당한다고 주장하며, 개발 사업의 중단과 해당 강 유역에의 배수에 따른 환경영향을 조사·평가하는 새로운 환경영향조사를 실시할 것을 구했다.

재판부는 그러나 이 개발 사업은 보호지역에 영향을 미치지 않을 것이고, 시민사회의 자연보호 노력은 사적 목적에 해당하지만,

광산회사의 개발은 공익을 위한 것으로 공익은 사익에 우선한다며, 여기서 환경 훼손은 자연의 권리 조항을 위반한 것은 아니라고 판시했다.

탕가바나(Tangabana) 사건[37]

이 사건은 에콰도르 농림부로부터 자금 지원을 받은 사기업 (ERVIC)이 설립한 200헥타르에 이르는 단작 플랜테이션 개발(재조림 프로그램)과 관련된다. 퇴역 장성인 소유주는 문제의 플랜테이션을 자신의 소유지를 넘어 지역의 원주민 공동체가 집합체로 소유하고 있는 지역인 파라모스(paramos)까지 확대했다. 공동체 성원들은 해당 지역은 유역 내 집수 지역으로 기능하므로 그러한 확대 개발 행위를 우려했다. 소나무 플랜테이션은 물 집약적 사업으로 파라모스 생태계 내 수문학적 흐름을 심각하게 훼손하는 것으로 알려졌고, 이 때문에 환경부는 파라모스 원시 지역에서 재조림 사업을 금지한 바 있다.

2014년 12월 자연의 권리 운동가와 공동체의 사제는 법원에 보호조치 청구를 했다. 재판부는 그러나 청구인들은 그 개발 행위로 인하여 영향을 받고 있거나 받을 우려가 있는 토지 소유자가 아니고(공동체 성원들은 회사의 협박에 따른 두려움으로 이 소송에 참가하지 않았다)

---

37) 대부분 판사들이 자연의 권리를 이해하지 못하고 이를 어떻게 해석해야 하는지 또 그 밖의 다른 헌법적 권리들과 어떻게 형량해야 하는지를 잘 모르는 것이 문제의 근원이라는 주장이 있는데 그 대표적인 사례로 탕기바나 사건이 있다.

그 밖에 자신들이 받고 있거나 앞으로 받게 될 침해를 증명하지 않았으며, 청구인들이 제출한 증거(진술서 및 소나무가 파라모스 생태계에 일으킬 피해를 증명하는 과학적 조사)는 각각 개별 증인 신문 절차를 거치지 아니하여 증거로 허용되지 않다는 등의 이유로 청구를 각하했다. 항소심도 1심 판결과 마찬가지로 이 청구는 허용될 수 없다며 항소를 기각했고, 원고들은 2015년 9월 헌법재판소에 적정절차의 위반을 주장하며 상고했다.

카야파스(Cayapas) 새우 사건

에콰도르는 라틴아메리카에서 가장 큰 새우 생산국으로 사업자들은 강력한 이익집단을 형성하고 있다. 에스메랄다스(Esmeraldas) 지역 내 새우 양식장의 확장은 해당 지역의 전통적 맹그로브숲의 상당 부분을 파괴하고 있다. 1995년 정부는 일부 남은 맹그로브를 보호하고자 이곳을 카야파스 생태보호지역(Cayapas Ecological Reserve)으로 지정했다. 그러나 보호지역에서 이미 영업 중인 회사들의 양식장 42개는 계속 존치를 허용했다. 이에 따라 새우 양식 회사와 맹그로브숲에 생계를 의존하는 지역 공동체 간의 갈등이 고조되었다.

2008년 정부는 새우 양식장을 규제하고 보호지역에서 퇴거 조치를 할 수 있는 행정명령을 발동했다. 2010년부터 2012년 사이 환경부는 카야파스를 비롯해 3개의 생태보호지역에서 12개의 새우 양식 회사에 퇴거조치를 명했다. 이에 2011년 한 양식업자가 행정명령의 효력 정지를 구하는 소를 제기했다.

원고는 개인의 경제적 이익이 자연에 우선한다고 주장했다. 재판부는 개인 재산권의 보호에 관한 헌법 제66조와 제32조를 인용하며, 환경부의 조치는 헌법이 보장하는 재산권과 직업의 자유의 침해에 해당한다고 판시했다. 항소도 기각되자 환경부는 하급심 법원의 판결은 헌법상 자연의 권리 조항에 위반했다고 주장하며 헌법재판소에 상고했다.

헌법 소송에서 환경부는 개인의 경제적 이익이 자연의 이익에 우선한다고 본 법원의 결정은 헌법 위반이라며, 전체 공동체와 관련되고 또 전국적으로 관련된 현안으로 다루어지는 이 사건에서 자연의 권리와 부엔 비비르, 곧 좋은 삶에 대한 존중의 행사인 행정 조치가 허용되는 선례를 확립해 줄 것을 요구했다.

2015년 5월 20일 헌법재판소는 자연의 권리와 부엔 비비르는 헌법의 중핵에 해당하므로 재산권을 비롯한 그 밖의 모든 다른 권리의 해석·적용에도 영향을 미친다고 했다(헌법재판소는 그러한 의미에서 자연의 권리 조항은 '횡단적'이라고 했다). 특히 이 조항은 인간 존재가 모든 것의 중심이자 척도이고 자연은 단순히 자원의 공급자로 여기는 고전적인 인간중심주의와 대비되는, 자연을 우선하는 생명중심적 시각을 반영한다고 했다. 이에 헌법재판소는 하급심 판결을 파기·환송하며 이번에는 자연의 권리를 고려할 것을 주문했다.

로스 세드로스 산림(The Los Cedros Forest) 사건

2021년 11월 에콰도르 헌법재판소는 매우 높은 생물다양성을 지닌 에콰도르 안데스 산의 보호 운림(雲林)인 로스 세드로스 산림에 발급된 2건의 광업권 허가와 관련 환경 허가를 취소하는 판결을 선고했다.

2017년 에콰도르 정부는 정부 소유 기업인 에나미 EP(ENAMI EP)에 로스 세드로스 보호림 내에서 채굴을 허용하는 2건의 광업권 허가와 환경 허가와 함께 발급했다. 그 뒤 일부 사기업은 에나미 EP와 계약을 체결하고 보호지역 내에서 채광을 위한 준비 작업으로 광물 자원의 탐사를 개시했다.

2018년 채광에 영향을 받는 지역의 지방정부는 위 허가가 해당 지역 내 공동체의 권리와 자연의 권리를 침해했다고 주장하며 보호지역 내에서 채광 관련 일체의 행위를 금지하는 헌법 소송을 제기했다. 그리고 헌법재판소는 2021년 채광 허가 및 환경 허가가 헌법에 규정된 세 가지 권리, 1) 자연 또는 파차마마의 권리(제10조,[38] 제73조), 2) 물에 대한 권리(제12조[39] 및 제313조[40]), 건강한 환경에 대한 권리

---

38) 제10조 개인, 공동체, 민족과 국가는 권리 보유자로서, 헌법과 국제법에서 각 주체에 보장된 권리를 누린다. 자연은 헌법이 자연에 인정하는 권리의 주체다.

39) 제12조 물에 대한 인권은 불가결하며 포기될 수 없다. 물은 국민이 사용하는 국가 전략 자산으로 양도될 수 없고, 생명에 필수적인 것으로 소멸 시효의 대상이 되지 않고, 압류할 수 없다.

40) 제313조 국가는 환경적 지속가능성 원칙과 사전주의, 예방 및 효율성 원칙에 따라 전략적 부문에 대하여 행정시행을 하고 규제 및 감시하며 관리할 권리를 갖는다. 국가의 의사결정과 배타적 통제 아래 있는 전략적 부문은 그 중요성과 규모로 인하여 분명한 경제적, 사회적, 정치적 또는 환경적 영향을 끼치는 것으로, 국가 권리의 전면적인 행사와 사회 전체의 복지의 보장을 목표로 하는 것을 말한다. 전략적 부문으로 고려되는 것은 다음과 같다. 모든 형태의 에너지, 통신, 재생 불가능한 자연 자원, 석유 및 가스의 운송 및 정제, 생물다양성과 유전 자산, 전파

(제14조[41]), 3) 지역사회와의 사전 협의권(제61.4조[42] 및 제398조[43])을 침해한다고 판결했다.[44]

재판소는 특히 자연의 권리를 헌법의 근본 가치로 정의하며, 헌법이 자연을 권리를 보유한 주체로 인정한 것은 수사학적 선언이 아니라 근본 가치에 관한 정식의 천명이라고 했다.

이는 수사학적인 서정적 표현이 아니다. 세대를 초월하는 천명이자 시대 역사적인 공약이다. (……) 이러한 가치는 에콰도르 국민의 근본 가치를 나타내는 헌법 전문의 한 부분이다.[45]

스펙트럼, 물 그 밖에 법률이 정한 것.

41) 제14조 지속가능성과 좋은 삶의 방식(sumak kawsay)을 보장하는 건강하고 생태적으로 균형 잡힌 환경에서 생활할 권리는 인정된다. 환경 보전과 생태계, 생물다양성 및 유전적 자산의 온존성의 보호, 환경 훼손의 방지 및 훼손된 자연 공간의 원상 복구는 공익으로 인정된다.

42) 제41조 에콰도르 국민은 다음과 같은 권리를 누린다. (……) 4. 협의할 권리.

43) 제398조 환경에 영향을 미칠 수 있는 모든 국가의 결정이나 승인은 지역사회와 미리 협의하고, 제때 그리고 충분하게 정보가 제공돼야 한다. 협의 주체는 국가다. 법은 사전 협의, 공공 참여, 기한, 협의 대상, 협의 대상의 평가 및 이의 제기 기준에 관하여 정해야 한다. 국가는 법률과 국제인권법이 정하고 있는 기준에 기반하여 지역사회의 의견을 고려해야 한다. 협의 과정에서 다수가 반대하는 경우 프로젝트 시행 여부에 관한 결정은 해당 상위 행정 기구가 법률에 따라 정당하게 근거 지워진 의결에 따른다.

44) Judgment 1149-19-JP/21 of 10 November.

45) Judgment 1149-19-JP/21, paras 31, 32. 원문은 다음과 같다. "This is not rhetorical lyricism, but a transcendent statement and a historical commitment (……) these values are part of the constitutional preamble which present the fundamental values of the Ecuadorian people."

재판소는 로스 세드로스를 보호 가치가 있는 주체로 인정하면서, 구체적 사건에 자연의 권리 조항 적용을 위한 법적 기준을 구조화했다(다만, 재판소는 일반적인 운림 생태계의 권리를 인정한 것이 아니라 특정 산림을 권리의 보유자로서 고려했다). 즉 재판소는 1) 자연에 심각하고 회복 불가능한(severe and irreversible) 손상이 발생할 수 있는 잠재적 위험성의 존재, 2) 해당 활동의 부정적 영향에 관한 충분한 과학적 확실성의 결여라는 2단계 기준을 적용하여 어떠한 경제적 활동이 자연의 권리를 침해했다고 할 수 있는지를 판단했다(재판소는 이 2단계 심사 기준을 리우 선언 제15원칙인 사전주의 원칙 및 그 밖의 다른 국제환경협정으로 정당화했다).

재판소는 취득한 정보에 근거하여 채광 활동이 로스 세드로스에 회복 불가능한 부정적 영향을 끼칠 것이고 그럼으로써 자연의 권리를 침해할 것이라고 결론 내렸다. 덧붙여 관련 당사자들이 자연의 권리에 관한 잠재적 영향에 관한 과학적 정보를 제공하지 아니했고, 광업 허가의 발급에 앞서 독립적인 환경영향조사가 없었음을 강조했다.

실제 현실: 자연의 권리 조항은 실제 규범력을 가질까

에콰도르에서 자연의 권리 조항을 원용한 13개의 소송 사건 중 6개는 정부가 제기한 것으로 모두 승소했다. 정부는 한편으로 국가 산업으로 광산 개발을 추진하면서 다른 한편으로 무허가 광산을 저지하기 위해 자연의 권리 조항을 이용하고 있다. 또한 환경부는 환경보호의 일환으로 행하는 행정 행위를 정당화하고자 자연의 권리 조항을 인용하고 있다. 일부 사건에서 환경부는 자연의 권리를 위반한 것으로 판단한 경제적 개발 사업에 대한 환경 허가를 취소하거나 과징금을 부과한 바 있다. 2014년에는 멸종 위기종인 콘도르와 재규어를 살해한 개인을 상대로 두 건의 형사 소송을 제기해 승소한 바 있다. 이 소송에서 환경부는 국가에 종의 절멸을 초래할 수 있는 행위에 예방적 제한 조치를 할 것을 명하고 있는 헌법 제73조를 인용했다. 에콰도르에서 자연의 권리 조항이 현실적 규범력을 가진다고 볼 수 있을까?

에콰도르의 정치·경제적 개발 구조와 자연의 권리 조항

이 문제는 에콰도르가 처한 경제·정치·사회적 여건 내지 상황과 밀접한 관련성을 가지고 있다. 콘도르-미라도르 노천 채광 사건을 보자. 앞에서 살펴본 바와 같이 법원이 원고의 청구를 기각한 논거는 두 가지다. 하나는 자연의 권리 조항은 보호지역에 미치거나 미칠 수 있는 환경영향과 관련해 적용될 수 있다는 것이다. 다른 하나는 광산회사의 개발 이익은 공익이고, 시민사회의 자연보호 노력은 사익이라는 전제에서 전자의 이익이 우선한다는 것이다. 이러한 판결의 논거는 명백히 자연의 권리 조항의 문언과 법 이익에 관한 일반 통념에 반해 그 법적 타당성이 인정될 수 없는 논리에 기반한 것이다(그럼에도 항소심에서도 1심의 결론이 그대로 유지

되었다).[46]

원고들은 자신들이 패소한 까닭은 사법부의 독립성 결여에 있다고 보고 있다. 2010년 대통령의 직속 기구인 국가사법비서실 (National Judicial Secretary)에서 작성된 한 메모가 판사들 사이에 회람된 사실이 폭로되면서 원고들의 주장은 신용력을 갖게 되었다. 이 메모에는 헌법에 규정된 보호조치 청구(소송)를 부당하게 남용해 공공 사업에 도전하는 것은 특정 이익에 우선하는 일반 이익에 심대한 타격을 의미하는 것으로 국가에 막대한 기회비용을 발생시킨다며 노골적으로 비난하며, 국가의 개발 사업에 반대하는 예방소송을 인용하는 판사는 개발 사업의 중단에 따라 초래될 피해를 개인적으로 국가에 배상해야 한다는 대통령의 지시가 적혀 있었다.[47]

---

46) 환경부 감사에 따르면 이 개발 사업이 보존림(Cordillera del Condor)에 간섭할 수 있음을 보여줬다는 점과 헌법은 단지 보호지역 안의 자연뿐 아니라 모든 자연이 권리를 가짐을 명백하게 규정하고 있다는 점에서 첫 번째 판결 이유는 부당하다. 또한 원고들의 환경보호 이익은 사익이고 사기업의 개발 이익은 공익이라는 논리는 전적으로 잘못된 논리다. 자연의 권리는 사회적 이익으로부터 독립한 동등한 가치를 가진다는 헌법 원칙에 반하는 전적으로 그릇된 논리라는 점에서 두 번째 판결 이유 역시 부당하다. 원고들은 항소했으나 다시 기각되었다. 원고들은 현 정부 아래에서는 공정한 판결을 기대할 수 없다는 결론을 내리고 헌법재판소에 상고하지 않기로 하고, 대신 미주인권재판소(Inter-American Court of Human Rights)에 사건을 항소해 현재 심리 중에 있다.

47) Kauffman and Martin, "Can Rights of Nature Make Development More Sustainable? Why Some Ecuadorian Lawsuits Succeed and Others Fail", p. 11. 사실 헌법이 통과되고 나서 이제 이를 시행하는 법률과 제도에 주의가 집중되었다. 코레아 대통령은 즉시 기존 광산의 운용을 연장하는 한편 신규 채광지를 인가하는 「광산법(mining law)」을 통과시키고자 대중 캠페인을 개시했다. 코레아 대통령은 사회적으로 또 환경적으로 책임성을 갖는 광산업을 국가가 보장할 수 있어야 한다고 주장했다. 나아가 채광과 석유 추출로부터 거두어들이는 수익은 탈화석연료 에너지

여기서 에콰도르의 정치·경제적 개발 구조를 들여다볼 필요가 있다. 에콰도르는 석유수출기구(OPEC)의 회원국으로 원유 수출이 전체 수출의 50퍼센트대에 육박하고 있는 석유 산업 국가다. 달리 말하면 에콰도르는 사회 발전을 성취하는 데 필요한 자원을 석유 등 자연자원의 채굴에 상당 부분 의존하고 있다. 앞에서 언급한 바와 같이 원주민과 사회적으로 배제된 집단의 '목소리'를 대변하려는 의지를 표방하며 선출된 코레아 정부는 2008년 새로운 헌법을 통과시키며 자연과 인간 삶의 조화를 주장했지만, 그 한계가 드러났다고 볼 수 있다.[48]

코레아 정부가 처음부터 자원 채굴에 기댄 기존의 개발 방식을 답습한 것은 아니었고, 자연을 보전하면서 동시에 사회 발전의 동력을 확보하려는 참신한 발전 전략을 시도했다. 대표적인 것이 바로 '야수니-ITT 구상(Yasuni-ITT initiative)'이다. 코레아 대통령은 2007년

분야의 발전과 빈곤의 감소 그리고 교육과 의료보험, 그 밖의 공공재에 접근을 확대하는 데 필요하다고 주장했다. 반면에 원주민과 환경운동가들은 광산법이 원주민 공동체와 사전 협의(prior consultation)라는 헌법상 권리와 자연의 권리 조항을 위반한 것이라며 강력히 반대했다. 2009년 1월 「광산법」이 통과되자 전국에 걸쳐 수만 명의 원주민, 공동체 권리주의자 및 환경운동가들은 항의를 했다. 대통령 선거 당시 강력한 지지 세력과 긴장·대립 관계는 2009년 9월 정부가 자연의 권리와 원주민 공동체를 침해할 수 있는 「물법(Water Law)」의 입법을 제안했을 때 정점에 이르렀다. 정부는 2011년까지 채광에 항의한 약 200명의 원주민 지도자들을 체포해 테러 행위로 기소했다(Kauffman and Martin, "Can Rights of Nature Make Development More Sustainable? Why Some Ecuadorian Lawsuits Succeed and Others Fail", p. 4).

48) 이태혁, 「에콰도르의 '이중성(dual identity)': 중국의 등장과 에콰도르 아마존지역 개발의 정치경제적 역설(paradox)」, 《이베로아메리카연구》 27(1), 2016, 178쪽.

9월 유엔 총회에서 유네스코 생물권보전지역(1989)으로 에콰도르 내 최고 원유 매장지인 야수니 국립공원의 이스핑고(Ishpingo)-탐보코차(Tambococha)-티푸티니(Tiputini) 지역(이른바 야수니-ITT)의 석유개발을 포기하는 대신 국제사회로부터 경제적 보상(2020년까지 유전 개발 시 예상되는 원유 시장가격의 50퍼센트 수준인 36억 달러)을 요구하는 것을 골자로 하는 야수니-ITT 구상을 제안하며 국제사회의 동참을 요구했다.[49] 코레아 정부는 국제사회가 마련한 기금의 일부는 부채 상환으로 쓰고, 나머지는 야수니 지역 보호와 그 밖의 다른 지역에 사회·환경적 투자 그리고 대체에너지 개발 등에 사용하고자 했다. 그러나, 기대와 달리 약 0.13억 달러만 모금되었다. 이에 코레아 대통령은 2013년 8월 15일 공식적으로 야수니-ITT 구상을 포기했다. 이후 2016년 1월 에콰도르 정부는 이 지역 일부에 대한 채굴권을 중국 자본의 현지 법인 안데스 페트롤리엄(Andes Petroleum)에 양도했다.[50]

---

49) 코레아 대통령은 다음과 같이 말했다. "국가 수입원의 3분의 1이 석유 채굴 산업인 본국에서, 인류의 안녕과 공정한 문명을 위해 이 수입원을 포기하고자 합니다. 지구온난화라는 전 지구적 문제에 대해 에콰도르처럼 가난한 나라에서 엄청난 희생을 하는 만큼, 국제사회가 함께하기를 제안합니다."(이태혁, 같은 글, 182-183쪽.)

50) 에콰도르에서 유입되는 전체 해외직접투자(FDI)의 50퍼센트 이상이 중국 자본으로, 광물 자원과 석유 등 에너지에 집중되어 있다. 특히 지난 2010-2015년 사이 중국의 대중남미 투자국 가운데 에콰도르는 베네수엘라, 브라질 그리고 아르헨티나에 이어 네 번째 대상국이다. 2006년 중국 국영 정유 회사인 CNPC와 시노펙(Sinopec)이 안데스 페트롤리엄과 페트로오리엔탈(PetrOriental)이라는 현지화한 법인을 통해 캐나다 정유 회사 엔칸다(Encanda)의 에콰도르 석유 채굴 지불권을 구입하면서 에콰도르 아마존은 중국 자본에 잠식되었고, 안데스 페트롤리엄과 페트로오리엔탈은 에콰도르 아마존 내에서 전방위적으로 채굴 활동을 자행하고 있다.

이 지역은 사파라(Sapara)[51]와 키치와(Kichwa)라는 아마존 원주민들의 거주지와 중첩되는 곳인데 에콰도르 정부는 석유 개발 지역을 점점 확대하며 원주민들의 삶을 위협하고 있다. 2008년 헌법은 자연과 원주민의 삶과 문화 보전의 가치를 그 전면에 내세우고 있지만 현실은 그렇지 않은 것이다.[52]

이처럼 콘도르-미라도르 노천 채광 사건은 "대항 규범으로서 자연의 권리가 아직 자연자원 개발형 국가 발전 의제를 억지, 규율할 수 있을 정도로 충분히 강하지 아니함"을 지시한다. 그럼에도 "자연의 권리 소송을 통해 판사를 교육, 훈련하는 이러한 노력은 점진적으로 자연의 권리 규범이 발전하는 과정으로 자리매김될 것"이라는 평가가 있다. 이 사건에서 정부가 자연의 권리를 인정하지 아니한 사실을 고려하면 정부의 자연의 권리 조항의 원용은 위선적으로 여겨질 수 있다. 하지만 광산에 대한 통제를 공고히 하려는 정부의 의도에 따른 '도구적 관점'에서 이용이라 하더라도 장기적으로 자연의 권리 법리를 강화하는 결과를 낳을 수 있는 것이다.[53]

---

51) 유네스코 인류무형문화유산(Intangible Cultural Heritage of Humanity)으로 지정된 사파라족은 현재 남아 있는 원주민 수가 300여 명에 불과하다.
52) 야수니-ITT 지역에 대한 석유 채굴권의 양허에 대해 야수니 지역 원주민들은 자신들이 거주하는 지역의 개발에 있어 '자유로우며, 정보에 기초한 사전 협의(free, prior and informed consultation, FPIC)'가 선행되어야 한다는 헌법 제57조 위반임을 지적하며 현 정권의 정책에 분개해 거리로 나오고 있다(이태혁, 같은 글, 184-187쪽)
53) Kauffman and Martin, "Can Rights of Nature Make Development More Sustainable? Why Some Ecuadorian Lawsuits Succeed and Others Fail", p. 12.

궨덜린 고든(Gwendolyn J. Gordon)은 자연의 권리 소송의 실패에
도 불구하고 에콰도르에서 자연의 권리는 심화·발전되고 있다며,
자연의 권리가 법원에서 받아들여진 것은 자연의 권리가 실제 현
실에서 점점 정상성을 획득하는 과정이라고 한다.[54] 결론적으로
고든은 자연의 권리가 지금은 약하지만 자연적 실체(natural entity)
를 사람과 같은 것으로 보는 방식으로 더 강해질 수 있을 것이고
그럴 때 자연의 권리는 단순한 립서비스에서 비중을 갖는 그 무엇
으로 바뀔 것이라고 하며, 여기서 특히 중요한 것은 자연적 실체
의 법적 보호를 지지하는 정치적 의지의 향방이라고 한다.[55]

에콰도르의 기득 이익집단과 자연 그리고 지역 공동체

자연의 권리 조항의 실현에 장애가 되는 것은 또한 헌법상 재
산권과 직업 수행의 자유에 의해 보호받고 있는 기득 이익집단이
다. 치야파스 새우 사건이 이를 잘 예증한다. 앞에서 언급한 바와
같이 라틴아메리카에서 새우 양식 산업이 가장 발달해 있는 에콰
도르에서 양식업자들은 강력한 이익집단을 형성하고 있다. 정부
가 1995년 남은 맹그로브숲을 보호하기 위하여 생태보호지역을
지정하면서도 지역 내에서 이미 운영 중인 양식장의 존치를 허용
한 것도 바로 그런 이유에서다. 새우 양식 산업과 맹그로브숲이라

---

54) Gwendolyn J. Gordon, "Environmental Personhood", *Columbia Journal of Environmental Law* 43(1), 2018, p. 87.
55) Gordon, "Environmental Personhood", p. 88.

는 보호 가치 높은 자연 그리고 맹그로브숲에 의지해 자급자족의 삶을 유지해 온 지역 공동체의 이익은 지금까지 첨예하게 대립해 왔으나 정부는 거의 별다른 조치를 하지 않았다.

그러다가 2008년에 이르러서야 코레아 정부가 보호지역에서 양식장의 철거를 명할 수 있는 행정명령을 발표한 것이다. 이 행정명령을 정당화하는 주된 헌법적 근거는 말할 것도 없이 자연의 권리 조항이다. 2015년 자연의 권리와 부엔 비비르는 헌법의 중핵에 해당하므로 재산권을 비롯한 그 밖의 모든 다른 권리의 해석·적용에도 영향을 미친다고 한 헌법재판소의 판결은 향후 자연의 권리와 재산권(직업의 자유)이 서로 대립하는 상황에 있을 때 원칙적으로 자연의 권리가 우선해야 함을 선언했다는 점에서 자연의 권리 조항의 실현에서 매우 귀중한 선례로 기여할 것이다. 그런 점에서 치야파스 새우 사건은 환경부처의 일상적 업무 과정에 자연의 권리의 반영이 어떻게 점진적으로 자연의 권리 법리를 강화함으로써 경제적 기득 이익에 맞서게 되는지를 잘 보여주는 사례라 할 수 있다.

에콰도르의 법률가 집단과 자연의 권리 조항

자연의 권리 조항의 실현에서 극복해야 할 또 다른 장애는 바로 자연의 권리의 내용과 실현 방법 등에 관하여 체계적 지식이 결여된 판사와 변호사 등 법률가 집단이다. 이를 예증하는 사건이 탕가바나 소송이다. 이 사건에서 원고들의 원고적격을 인정하지 않은 재판부는 자연의 권리는 인간의 이익으로부터 독립해 인정되며 에콰도르 헌법 제71조가 자연의 권리 조항의 위반으로 개인적으로 영향을 받지 않는 사람을 포함한 모든 이에게 자연의 이익을 위한 소송 제기를 허용하고 있음을 전혀 이해하지 못한 것이다. 원고가 손해의 현존성을 증명하지 못했다는 판시 부분도 사전에 훼손으로부터 자연을 보호하기 위하여 헌법이 예방 청구(소송)를 허용하고 있다는 점을 간과한 것이다. 더 나아가 청구인들이 제출한 증거(진술서 및 소나무가 파라모스 생태계에 일으킬 피해를 입증하는 과학적 조사)는 각각의 개별 증인의 증언 절차를 거치지 않았으므로 증거로서 유효하지 않다고 한 부분도 형사 소송에서나 거치는 엄격한 증거 절차를 요구했다고 하는 점에서 부당하다.

카우프만과 마틴은 이 소송에서 원고들이 패소한 까닭에 대하여 다음과 같이 분석하고 있다.

대부분 변호사와 판사에게 자연의 권리와 그것의 실현 방법에 관한 지식이 결여되었다. 자연의 권리를 유지하려면 일부 사건에서 개인과 기업의 재산권이 제한되어야 한다는 생각은 대부분 판사에게 낯선 것으로, 자신들이 지금까지 받은 법(학) 교육에 반한다. 그 결과 시민사회가 제기한 소송에서 판사는 일반적으로 경제 개발 행위는 자연의 권리에 우선하는 개별적 권리(가령 재산권이나 직업 수행의 자유 따위)에 의해 보호되어야 한다고 판결하고 있다.[56]

---

56) Kauffman and Martin, "Can Rights of Nature Make Development More Sustainable? Why Some Ecuadorian Lawsuits Succeed and Others Fail", p. 11.

자연의 권리론

법학에서 특정 주체에 법적 권리를 인정하려면, "특정 주체에 어떤 것에 대한 특정 이익이 존재하고, 또 그 이익은 보호 가치 있는 것이라는 일종의 규범 의식이 형성"[1]돼야 한다고 설명한다. 이 논리를 따르면 자연의 권리의 인정에서 먼저 부딪히는 문제는 '자연의 주체(성)'일 것이다. 특정 동식물 개체는 그렇다 하더라도, 특정 생물종에 혹은 하천이나 산림 등 특정 생태계에 어떤 권리를 보유할 수 있는 주체성을 인정할 수 있을까?

'자연의 권리론'[2]은 자연 내지 자연적 실체(natural entity)는 권리

---

1) 김도균, 『권리의 문법』, 박영사, 2008, 59쪽. 김도균에 따르면 법학에서 법적 권리로 인정되는 과정은 다음과 같은 세 단계를 거친다고 한다. "첫째, 어떤 사태 또는 사물에 대한 개인의 이익이 형성되는 단계, 둘째, 그 이익이 보호될만한 도덕적·법적 가치가 있다는 인식이 광범하게 형성되고 권한을 부여해야 한다는 규범의식이 태동하는 단계, 셋째, 실제로 도덕적 권한이나 법적인 권한이 부여되어 '청구권-자유권-형성권-면제권'의 형식으로 구체화하는 단계".

2) 시네바 가이투스 라스타드(Synneva Geithus Laastad)는 반자본주의적 생태주의론 (The Anti-Capitalist Ecologist Discourse), 전환론(the Transformative Discourse) 그리고 인간중심주의적 발전론(the Anthropocentric Developmentalist Discourse)이

보유자(right-holders)로 인정될 수 있는 지위에 있고, 이것이 인간의 태도와 행동에서 고려되어야 한다는 아이디어를 담고 있다.[3] 자연의 권리가 최근 활발히 논의되기 전까지 환경법과 환경 관리 체계는 보호, 돌봄(care), 책임 등과 같은 개념 중심으로 구축됐다. 물론 이것이 자연의 권리 개념을 과거에 전혀 사고하지 않았다는 뜻은 아니다. 미국의 생태학자이자 철학자인 알도 레오폴드(Aldo Leopold)는 종(species)은 존재에 대한 권리, 구체적으로 "자연 상태로 생존을 지속할 권리(biotic right)를 갖는다"[4]며 자연의 권리 개념을 승인한 바 있다.

어쨌든 국제 환경법에서 환경보호의 중심 근거(논리)의 변화 과정—한마디로 인간중심주의에서 비인간중심주의로 발전 과정—

라는 세 가지 자연의 권리론을 말하고 있다. 첫 번째 담론은 자연의 권리를 자본주의 반대 투쟁을 위한 정당화 담론으로 본다. 전환론은 자연의 권리를 인간-자연 간 관계의 전 지구적 전환을 위한 잠재적 도구로 보며, 마지막 담론은 자연의 권리를 더 강력한 환경 규제 형태로 본다(Synneva Geithus Laastad, "Nature as a Subject of Rights? National Discourses on Ecuador's Constitutional Rights of Nature", *Forum for Development Studies* 47(3), 2019, p. 422).

3) 이러한 아이디어는 원주민의 세계관에서도 발견된다. 다만 '권리' 개념은 서양의 개인주의적 (법)철학의 구성물로 원주민 철학에 고유하지 않다. 이 점에서 자연의 권리는 서양의 권리 개념을 원주민의 아이디어 내지 우주론(자연 내지 자연적 실체 자체는 어떤 유의 가치 내지 도덕적 중요성을 가지며 따라서 존중과 보호를 받을 자격을 가진다)을 결합한 것으로 이해할 수 있다는 견해로는 Daniel P. Corrigan and Markku Oksanen, "Rights of Nature: Exploring the Territory", in Daniel P. Corrigan and Markku Oksanen(eds.), *Rights of Nature: A Re-Examination*, Routledge, 2021, p.1.

4) 윌리엄 F. 슐츠·수시마 라만, 김학영 옮김, 『세상의 모든 권리 이야기』, 시공사, 2022, 289쪽. 그러나 자연의 권리라는 아이디어는 1972년 크리스토퍼 스톤의 저명한 논문 「나무도 당사자적격을 가져야 하는가?」 발표를 계기로 법적 논의의 쟁점이 됐다.

을 통해 이를 잘 이해할 수 있다.[5] 처음 국제사회는 '현세대'가 '자기 이익'으로 환경보호를 주창했다.[6] 이 단계에서 환경 관련 조약은 환경보호가 인간의 자기 이익임을 강조하는데, 자기 이익 보호의 이론적 배경으로 공리주의와 인권 이론이 들린다. 이후 환경보호에서 (여전히 인간중심적이지만) '세대 간' 차원이 추가된다. 이 시기 환경 조약에서 특히 '미래 세대'와 '지속가능성' 그리고 '세대 간 형평성'이 강조된다.[7] 다음 단계로 비인간중심주의적 패러다임의 출현과 자연 자체의 가치가 언급된다. 관련 조약에서 자연의 본래 가치(intrinsic values)가 강조된다.[8]

2019년 환경법연구소(Environmental Law Institute)가 발표한 보고서에 따르면 1972년 이후 환경 법률의 수는 38배 증가했고 이러한 입법의 폭발적 증가는 모든 나라에서 관찰되는데 88개국은 시민들에게 건강한 환경에 대한 권리를 인정(이 중 62개국은 헌법에 명시)했다.[9] 그러나 환경을 보호하기 위한 이러한 법적 발전에도 불구

---

5) Susan Emmenegger and Axel Tschentscher, "Taking Nature's Rights Seriously: The Long Way to Biocentrism in Environmental Law", *Georgetown International Environmental Law Review* 6(3), 1994, pp. 550-575.

6) 가령 자연 상태의 동식물 보존에 관한 협약(the Convention Relative to the Preservation of Fauna and Flora in their Natural State, 1933)에서 국립공원의 지정을 통한 자연보호는 인간의 이용과 향유를 보장하기 위함이다.

7) 이른바 환경과 개발에 관한 리우 선언(the Rio Declaration on Environment and Development's principle, 1992)에서 개발에 관한 권리는 현세대와 미래 세대의 개발 수요와 환경 수요를 공평하게 충족시키기 위하여 실현돼야 한다고 한다.

8) 세계자연헌장(the World Charter for Nature, 1982)에서 '환경'보다 '자연'이라는 단어를 사용하는 데 주의를 기울임으로써 인간중심성에서 벗어나고자 했다.

9) Environmental Law Institute, "Dramatic Growth in Laws to Protect Environment, but

하고 지구의 생명 부양 체계(life support system)의 침식―기후체계의 변화, 서식지 훼손, 수질·대기·토양 오염, 멸종 등―은 급격한 속도로 진행 중이다.[10] 이처럼 환경법의 발전에도 불구하고 지구적 환경위기가 가속화하는 까닭에 대해 유럽에서 자연의 권리론을 주도하는 전문가이자 대변자로 활동하는 변호사 뭄타 이토는 "현행 환경법이 우리 경제 체계 자체의 지향과 같은 근본 원인은 다루지 않은 채 일상 행위의 외부성(externalities)만을 관리하도록 설계되었기 때문"이라고 한다. 나아가 근본적으로 "현행 전체 법체계는 자연을 생명의 원천으로 보지 않고 단지 인간에의 효용성―곧 자원으로, 재산으로 또는 자연자본으로―에 따라 그 가치를 평가"하는 사고 또는 태도에서 찾고 있다. 이토에 따르면 우리는 자연의 생태 한계 내에서 경제와 사회 발전을 추구해야 하는데 그러려면 자연을 고유한 이익을 가진 이해당사자로 우리의 법체계 내로 받아들여야 하는데 이를 위한 핵심 장치가 바로 '자연의 권리'다.[11]

이러한 배경과 맥락에서 자연의 권리론이 법학에서 진지하게

Widespread Failure to Enforce, Finds Report", 2019, https://www.eli.org/news/dramatic-growth-laws-protect-environment-widespreadfailure-enforce-finds-report.

10) 과학적 증거는 지구적 환경위기가 가속화하고 환경법은 이 추세를 꺾을 수 없음을 가리키고 있다(Guillaume Chapron, Yaffa Epstein and José Vicente López-Bao, "A rights revolution for nature", *Science* 363(6434), 2019, p. 1392.

11) Mumta Ito, "Nature's rights: a new paradigm for environmental protection", *Ecologist*, May 9, 2017, https://theecologist.org/2017/may/09/natures-rights-new-paradigm-environmental-protection.

고민되기 시작했다. 그런데 왜 권리인가? 그것은 '권리'가 힘의 불균형을 교정하는 도구 또는 장치이기 때문이다. 인권사에서 인간으로서 존엄과 가치 그리고 사회적·경제적·정치적·법적 지위가 박탈된 사람이 부당한 상황에 맞서 자신의 존엄과 가치 등을 지키고자 할 때 권리는 거듭 호명돼 왔다. 살아 있는 존재로서 자연이 더 이상 인간의 이익을 위한 단순한 자원 또는 재산으로 '편의적'으로 취급되지 않도록 법 주체로 법 지위를 부여하고자 권리를 다시 호명하는 것이다.

자연의 권리의 과학적-윤리적 기반과 인간중심주의에의 도전

1972년 크리스토퍼 스톤의 논문 「나무도 당사자적격을 가져야 하는가?」가 발표되고 35년이 지난 2008년 에콰도르는 헌법 개정을 통해 세계 최초로 헌법에 자연의 권리 조항을 도입했다.[12] 이어서 이웃한 남미 국가 볼리비아는 2010년 「어머니 지구법(Law of

---

12) 자연의 권리를 인정하는 최초의 규범은 2006년 자연 공동체와 생태계의 권리를 인정하는 미국 펜실베이니아 타마쿠아 자치구 조례(Tamaqua Borough, Schuylkill County, Pennsylvania Ordinance No. 612 of 2006; "*Tamaqua Borough Sewage Sludge Ordinance*")였다(Mihnea Tanasescu, *Environment, Political Representation, and the Challenge of Right: Speaking for Nature*, Palgrave Macmillan, 2016, pp. 107108).

the Rights of Mother Earth)」과 2012년 「어머니 지구 및 필수 발전 기본법(The Framework Law of Mother Earth and Integral Development for Living Well)」을 입법했다. 또한 뉴질랜드는 2014년과 2017년에 각각 산림[13]과 강[14]에 법인격(legal personality)을 부여하는 법률을 각각 제정했다.

한편 콜롬비아 법원은 2016년 아트라토 강(the Atrato River), 2018년 (콜롬비아 내) 아마존 지역의 권리주체성을 각각 인정했다. 인도 법원은 2018년 강가-야무나 강(the Ganga-Yamuna River)에, 방글라데시 법원은 2019년 투라그 강(the Turag River)의 권리를 인정하는 판결을 선고했다(특히 방글라데시 법원은 그러한 강의 권리를 전국 모든 강에 적용한다고 판시했다).[15]

위에서 보는 바와 같이 자연의 권리는 헌법 개정이나 정부와 원주민 간 합의(뉴질랜드 정부와 마오리족), 지방의 정치적 이니셔티브(조례 제정) 또는 법원의 판결을 통해 인정되고 있다. 이처럼 다양한 규범적 연원을 갖는 자연의 권리는 규정 제정 행위로 비로소 정립되는 이른바 협정적(conventional) 성격의 법적 규범인지 아니면 규정(제정)에 앞서 존재하는 윤리적 규범(=도덕적 권리)에 근거한 것인지는 계속 논쟁 중이다.

---

13) Te Urewera Act 2014.

14) Te Awa Tupua(Whanganui River Claims Settlement) Act 2017.

15) 투라그 강 사건은 비인간에 권리가 인정될 수 있음을 보여주지만, 실제 인권 또한 중요한 요소라는 점도 보여준다는 주장으로는 다음이 있다. Kristen Stilta, "Rights of Nature, Rights of Animals", *Harvard Law Review* 134(5), 2021, pp. 282-283.

파블로 솔론(Pablo Solon)[16]은 「어머니 지구의 권리: 인간과 자연이 평등한 지구공동체를 위하여」[17]라는 글에서 어머니 지구의 권리를 형성하는 데 기여한 다양한 사상적·사유적 흐름을 제시하고 있다.

원주민 흐름

어머니 지구의 권리는 특히 남아메리카 안데스 지역 원주민들의 시각을 반영한다. 이 시각에서는 언덕·강·공기·바위·빙하·대양 등은 어머니 지구라는 더 큰 살아 있는 유기체의 일부로 생명을 갖는다. 인간은 지구 공동체의 한 구성 요소로 다른 비인간 존재들과 더불어 존재한다. 인간은 지구나 다른 존재를 소유할 수 없고 주인이 될 수도 없다. 어머니 지구의 권리는 원주민들의 다음과 같은 근원적 질문에 바탕하고 있다. "우리가 어머니 지구의 일부라면 왜 일부가 다른 것보다 더 우월해야 하는가? 왜 일부 존재가 보호와 특권을 누리고 다른 존재는 사물의 지위로 격하되는가?" 이 시각에 따르면 지구 공동체가 번성하려면 그것의 일부인

---

16) 솔론은 볼리비아의 정치인으로 에보 모랄레스 정부하에서 남미통합전략위원회 대표, 남미국가동맹 서기, 대외무역장관 등을 역임했다. 2009년에서 2011년까지 유엔 볼리비아 대사를 지냈으며 이후 2015년까지 다른 세계화 운동 조직인 '남반구 포커스(Focus on the Global South)'의 집행위원장을 역임했다. 2011년에는 인권 및 경제, 사회, 생태적 정의를 진흥하는 비정부 조직인 글로벌 익스체인지(Global Exchange)가 부여하는 인권상을 수상했다.
17) 파블로 솔론 외, 김신양 외 옮김, 『다른 세상을 위한 7가지 대안』, 착한책가게, 2018, 147-184쪽.

모두가 동등한 대접과 존중을 받아야 한다.[18]

과학적 흐름

과학자들은 지구를 물리적·화학적·생물학적 그리고 인간적 구성 요소를 갖는 일종의 단일한 자기 조절 시스템(a single, self-regulating system)으로 인정한다(2001년 지구시스템과학에 관한 암스테르담 선언).[19] 인간 생명은 지구 시스템의 한 구성 요소로, 탄소와 질소, 물과 산소 등의 순환 과정에 영향을 미친다. 그런데 근래 인간 사회는 지구 시스템의 작동을 바꿨고 그 결과 지구는 인간과 다른 생명에 더욱 적대적인 곳이 되었다. 과학자들은 이러한 시스템 위기를 해결하려면 지구적 책임 윤리(global stewardship)와 지구 시스템 관리 전략—지구 환경을 지속하면서도 사회·경제적 발전 목표를 충족하는 정교한 관리 전략—이 시급히 요구된다고 한다.[20]

윤리-종교적 흐름

어머니 지구의 권리가 등장하는 데 기여한 윤리적 흐름은 매우 폭넓고 다양하다. 예를 들면 모든 창조물의 형제자매로 칭하며 동등함을 옹호한 아시시의 프란치스코 성인의 태도나, 도덕적

---

18) 같은 책, 150-151쪽.
19) IGBP, "2001 Amsterdam Declaration on Earth System Science", http://www.igbp. net/about/history/2001amsterdamdeclarationonearthsystemscience.4.1b8ae20512d b692f2a680001312.html.
20) 파블로 솔론 외, 앞의 책, 151-154쪽.

으로 높은 지성을 가진 존재로서 또 부적절한 인간 행동으로 세계를 오염시키고 파괴한 우리는 세계를 돌보아야 할 책임이 있다는 달라이 라마의 생각, 공동체의 경계를 인간에 한정하지 않고 토양, 물, 동·식물 등을 아우르는 대지공동체를 내세운 알도 레오폴드의 대지 윤리(Land ethic) 등이다. 2000년에 발표된 지구헌장(Earth Charter)[21]은 지구의 생명력과 다양성 그리고 아름다움의 보호는 성스러운 의무라 하며, 이 행성의 모든 생물과 무생물 존재를 포함하는 삶의 특별한 공동체를 보호하기 위하여 보편적 책임성을 요청한다.[22]

법률적 흐름

자연이 본래 가치를 갖는다는 사실을 법체계에 어떻게 반영할 수 있을 것인지를 묻는다. 인간 존재를 제외한 나머지 비인간적 구성 요소는 도구적 가치만을 가진다고 한다면 비인간 요소는 인간에 의한 착취에 취약해진다. "우주와 지구 공동체를 살아 있거나 살아 있지 않은, 인간과 비인간의 모든 것을 아우르는 주체들의 친교"[23]로 보는 지구법학은 법 인식 방식에서 혁명적인 제안

---

21) 지구헌장 전문은 다음 사이트에서 볼 수 있다. https://earthcharter.org.
22) 파블로 솔론 외, 앞의 책, 155-156쪽.
23) 지구법학에 대한 개괄적 소개로는 강금실 외, 『지구를 위한 법학: 인간중심주의를 넘어 지구중심주의로』, 서울대학교출판문화원, 2020; 박태현, 「인류세에서 지구공동체를 위한 지구법학」, 《환경법과 정책》 26, 2021. 한국 헌법을 지구법학의 관점에서 재해석한 글로는 오동석, 「지구법학 관점에서 한국헌법의 해석론」, 《환경법과 정책》 26, 2021. 한편 지구법학의 사회철학 원리는 최근 사회과학계에 일고 있는 신유물론,

을 한다. 즉, "산업적·상업적 세계에서 자연 세계는 광범한 존재의 공동체 속에서 존재와 거주 그리고 역할 수행의 자유 등 고유의 권리를 갖지 못한다. 하지만 자연 세계의 고유 권리가 법적 지위를 인정받지 못하면 현대 산업 세계의 미래 또한 지속가능할 수 없다. 지구에 대한 소유와 이용의 문제는 근본적인 방식으로 다시 숙고해야 한다."[24]

권리라는 아이디어 자체는 인간중심주의적 맥락에서 등장하고 발전했다. 그런데 생명중심주의 등 이른바 비인간중심주의적 윤리적 접근은 비인간 실체도 권리 보유자가 될 수 있는 가능성(기회)을 열었다. 이러한 측면에서 자연의 권리는 현재 환경위기의 근본 원인[25]인 인간중심주의[26]를 극복하려는[27] '사상 담론'이자 '실천 운동'으로 이해할 수 있다.[28] 비인간중심주

관계론적 실재론, 종-횡단적 사유와 존재론적 평면성, 수평적 존재론 등의 주장과도 일맥상통한다는 주장으로 김왕배, 「'인간너머' 자연의 권리와 지구법학: 탐색과 전망」, 《사회사상과 문화》 25(1), 2022.

24) 파블로 솔론 외, 앞의 책, 157-160쪽.

25) 토마스 베리, 『토마스 베리의 위대한 과업』, 대화문화아카데미, 2009 참고.

26) 인간중심주의란 지구 시스템에 거주하는 다른 모든 실체와의 관계에서 인간의 우월성을 상정하는 관점 내지 태도를 일컫는다(Nicola Pain and Rachel Pepper, "Can Personhood Protect the Environment? Affording Legal Rights to Nature", *Fordham International Law Journal* 45(2), 2021, p. 322)

27) 전통적 환경법의 바탕인 인간중심주의의 균열이 자연에 권리를 부여하는 데 따른 가장 중대한 편익이라는 견해로는 Alexandre Lillo, "Is Water Simply a Flow? Exploring an Alternative Mindset for Recognizing Water As a Legal Person", *Vermont Journal of Environmental Law* 19(2), 2018, p. 168.

28) "지구법학은 자연을 바라보는 인간중심 패러다임의 급진적 전회를 통해 기존 환경법의 한계를 넘어설 것을 주장한다"고 보는 견해도 기본적으로 같은 생각이다(김왕배, 앞의 글, 12쪽).

의적 접근법은 크게 1) 생명중심주의(Biocentrism)[29], 2) 생태중심주의(Ecocentrism)[30], 3) 지구 내지 우주중심주의(Earthcentrism 또는 Cosmocentrism)[31]로 구분할 수 있다. 이러한 비인간중심주의 입장은 자신의 고유한 선 내지 이익을 갖는 자연적 실체의 범위를 둘러싸고 견해가 대립한다.[32] 이에는 1) 감응력중심주의(Sentientism, 정신적으로 복잡한 실체만이 고려되어야 할 이익을 갖는다)[33]와 2) 생명중심주의(모든 살아 있는 것은 그러한 이익을 갖는다), 그리고 3) 생태중심주의(종과 생태계 또한 고유한 선을 갖는다)[34]가 있다.

나는 자연의 권리를 생태중심주의에서 접근하고자 한다. 실체와 환경의 상호 관계에 초점을 맞추는 생태중심주의는 하나 이상

---

29) 폴 테일러의 생명중심주의. 폴 테일러, 김영 옮김, 『자연에 대한 존중』, 리수, 2020.

30) 레오폴드의 대지윤리. 그는 『모래군의 열두 달』(1949)에서 인간을 포함한 모든 종은 지난한 진화 과정의 산물로 자신들의 생명 과정에서 상호연결되어 있는데 대지윤리는 **전체로서 생명 공동체**(the biotic community as a whole)에 주의를 둬 생태계 구성 및 생태적 과정을 유지하고자 하는 인간윤리라고 했다. 알도 레오폴드, 송명규 옮김, 『모래군의 열두 달』, 정한책방, 2024.

31) 코막 컬리넌, 박태현 옮김, 『야생의 법: 지구법 선언』, 로도스, 2016.

32) Ronald Sandler, "Intrinsic Value, Ecology, and Conservation", *Nature Education Knowledge* 3(10), 2012, https://www.nature.com/scitable/knowledge/library/intrinsic-value-ecology-and-conservation-25815400.

33) 수 도널드슨과 윌 킴리카는 "오직 주관적 경험이 가능한 존재만이 이익을 가질 수 있고, 그 이익을 보호받을 의무적 정의의 대상이 될 수 있다. 돌은 사람이 아니다. 물질일 뿐이다. 손상될 수는 있으나 침해의 대상은 될 수 없다"고 주장한다(슐츠·라만, 앞의 책, 223쪽).

34) 생태중심주의에 대해서는 종과 생태계를 구성하는 개별 유기체의 선과 구분되는, 종 내지 생태계 자체의 고유한 선이 무엇인지 그 설명이 분명하지 않다("개별 늑대는 자신의 고유한 선과 내재적 가치를 가질 수 있지만 종으로서 늑대(Canis lupus)는 그러하지 아니하다")는 비판이 제기된다(Ronald Sandler, "Intrinsic Value, Ecology, and Conservation").

테일러의 생명중심주의: 『자연의 존중』

환경윤리에서 알도 레오폴드와 피터 싱어에 버금가는 정도로 자주 언급되는 학자가 생명중심주의 환경윤리를 펼치는 폴 테일러(Paul W. Taylor)이다. 테일러는 자신의 주저인 『자연의 존중(Respect for Nature)』에서 목적론적 삶의 중심(teleological-center-of-life)을 주장하며 생명중심주의 윤리론을 전개했다. 테일러에 따르면 일반적으로 생명체의 목적은 성장, 발전, 생존, 번식에 있고, 생명은 이러한 목적을 향하여 나간다는 의미에서 목표 지향적이라며, 따라서 모든 생명체는 '목적론적 삶의 중심'이라고 한다. 여기서 생명체가 목적론적 삶의 중심이라는 것은 그것의 외적 활동뿐 아니라 내적 작용이 목표 지향적이라는 것, 그리고 그것이 자신의 생존을 유지하고, 자신의 종을 재생산하고, 변화하는 환경에 적응하게 하는 생명 활동을 성공적으로 수행하게 해주는 항상적 경향을 갖고 있다는 것이다. 생명체가 목적론적 활동의 중심이 되게끔 하는 것은 자신의 선을 실현하도록 방향지워진 유기체의 작용이 갖는 일관성과 통일성이다.[34] 한편 수잔 엠메네거(Susan Emmenegger)와 악셀 첸처(Axel Tschentscher) 국제환경협약을 통해 자연의 권리를 생명중심적 관점에서 바라볼 수 있다고 주장한다.[35]

의 실체를 인정하지만 그들의 개체성(individuality)에 초점을 맞추지는 않는다. 생태중심주의는 다양한 실체의 조화, 특히 인간과 그 밖의 다른 자연적 실체 사이의 조화를 가정한다. 생태중심주의는 자연의 전체성, 가령 통일성으로 보이는 다양성을 고찰한다. 생태중심주의에서는 조화가 가장 중요하기 때문에 자연과의 조화의 의도된 교란은 금지되고, 경쟁—특히 인간과 자연과의 경쟁—은 건설적인 요소라기보다는 파괴적인 요소로 본다.[37]

---

35) 조제프 R. 데자르뎅, 김명식 옮김, 『환경윤리』, 자작나무, 1999, 231-238쪽.
36) Emmenegger and Tschentscher, "Taking Nature's Rights Seriously", p. 545.
37) Emmenegger and Tschentscher, "Taking Nature's Rights Seriously", pp. 577-578.

자연의 권리 정당화를 둘러싼 몇 가지 쟁점

비인간 동물이나 생명체 또는 전체 생태계 등을 권리 보유자로 인정하자는 주장을 논할 가치가 있는 담론으로 만드는 것은 무엇인가? 이것이 자연의 권리 정당화에 관한 논의다. 이 쟁점을 체계적으로 다루려면 먼저 법학에서 발전한 권리에 관한 일반 이론으로부터 지적 도움을 받아야 한다.

권리의 일반 이론: 자연의 권리에의 함의

권리의 본질과 기능을 어떻게 파악할 것인지에 관하여 '이익설'("권리의 기능은 권리 보유자의 니즈 및 안녕의 보호·증진이다")과 '의사설'("권리의 기능은 권리 보유자 의사의 자율적 행사를 가능케 하는 것이다")이 경합한다.[38] 오늘날 이익설이 다수의 지지를 받고 있는데 권리 성립과 관련하여 가장 빈번하게 인용되는 공식(명제)은 이익설에 입장에 선 조셉 라즈의 견해다. 라즈에 따르면 다른 것들이 동등하다면, "X의 안녕(이익)이 타인에게 의무를 부과할 만큼 충분한 이유가 된다면"[39] 그때 비로소 X는 권리를 갖는다.

---

38) Corrigan and Oksanen, "Rights of Nature", pp. 4-5. (주지하다시피 스톤은 '이익설'에 따라 어떤 실체는 자신의 행위에 책임을 지는 전면적인 행위 능력을 갖지 않더라도 최소한 이익을 가진다면 이러한 이익의 존중 내지 보호를 위한 권리 부여는 정당화된다고 했다.) 권리의 본질에 관하여는 우선, 김정오 외, 『법철학: 이론과 쟁점』(제3판), 박영사, 2022, 150-156쪽.
39) Joseph Raz, *The Morality of Freedom*, Oxford: Clarendon Press, 1986, p. 166. 이 주장을 더 구체화하면 현대 이익설의 입장은 다음과 같다. "X의 이익 I가 권리가 되

한편 권리는 기본적으로 개체의 권리(individual rights)이다. 그런데 일부 학자는 개체적 권리 외에 집단적 권리(group rights)를 인정한다. 자연의 권리 보유자의 범위에는 동식물 등 개별적 실체에서 특정 종이나 생태계 등 집합적 실체에까지 다양하게 포함된다. 생태계 등 자연적 실체를 권리 보유자로 인정한다면 그때의 권리는 개별적 권리보다 집단적 권리로 파악함이 적절하다고 본다. 이익설의 관점을 따른다면(이하 이익설의 관점에서 논한다) 집단에 어떤 권리를 인정할 때 고려해야 하는 결정적 요소는 그 집단이 집단으로서 개별 성원의 이익 전부를 합친 것(aggregated interests) 이상의 어떤 이익을 가질 수 있는가 하는 점이다. 해당 집단이 그러한 이익을 가진다면 집단이 해를 입었다거나 집단으로서 부당하게 처우를 받았다고 말할 수 있고, 이때 해당 단체는 권리 보유자로서 적합한 후보가 될 수 있기 때문이다. 예컨대 어떤 국가나 인민에게 자결권이 인정된다면 그 권리는 국가나 인민이 집단으로 소유·행사하는 권리다. 이 권리는 해당 국가 또는 인민에 속하는 자의 개별적 자기 결정권(the rights to individual self-determination)으로 환원될 수 없다. 이러한 '집단적 권리'에는 문화적 집단의 문화가 존중·보호되어야 한다는 문화적 권리, 언어 집단의 언어가 공공 영역에

는 것은 그 이익이 타인을 의무 아래 둘 만큼 충분히 중요한 경우에 그리고 부과된 그 의무가 이행됨으로써 X의 이익 I가 보호되는 경우이다. 이러한 경우에 그리고 오로지 그 경우에만 이익 I는 권리가 되고, 그렇게 보호되는 이익의 보유자인 X는 권리 주체가 된다"(김도균, 앞의 책, 56쪽).

집단적 권리에 관한 견해[39]

집단적 권리의 경우, 권리는 집단이 보유한 것이고, 그 권리에 의해 발생하는 의무도 집단에 지는 의무다. 집단적 권리를 둘러싼 논쟁은 집단이 권리를 보유할 수 있는지, 그것이 가능하다면 어떤 조건을 충족해야 하는지에 초점이 맞춰져 있다. 집단적 권리에 반대하는 견해는 집단이 권리를 가질 수 있다는 명제 자체에 이의를 제기한다. 반면 집단적 권리 지지자는 권리를 보유하는 집단 자체를 도덕적 실체로 간주해, 그 집단이 개인과 유사한 존재성과 지위를 갖는다고 한다. 또 다른 견해는 그러한 독립적인 자격을 집단에 부여하지 않고, 집단의 권리를 집단 성원이 총유적으로(jointly) 보유하는 권리로 본다.

서 사용 가능하고 또 제공되어야 한다는 권리, 종교 집단의 권리 등이 포함된다.[41]

이상의 논의 내용은 자연의 권리에 어떠한 함의를 가지는 것일까? 위에서 살펴본 집단적 권리론에 따르면 특정 집단이 권리 보

---

40) 이러한 권리는 또한 상업적 법인, 교회, 정당, 대학, 자선 단체와 같이 조직 단체에도 주장된다. 권혜영은 집단적 권리를 그 집단을 구성하는 구성원이 공동으로 보유하는 공유이익을 가질 때 발생할 수 있고 그 이익은 인간 전체 이익의 한 측면에 대한 권리로서 타인을 의무에 종속되도록 하기에 충분한 이익일 것을 조건으로 하는 '집합적 권리(collective rights)'와 집단이 하나의 실체로서 권리에 앞선 다른 집단과 뚜렷이 구분되는 도덕적 정체성을 가진 집단의 자율적 선택권을 보호하기 위한 '사단적 권리(corporate rights)'로 유형화하고 있다(권혜영, 「집단적 권리론에 대한 비판적 고찰: 그 개념과 유형을 중심으로」, 《세계헌법연구》 24, 2018, 49-77쪽).

41) 이러한 권리는 또한 상업적 법인, 교회, 정당, 대학, 자선 단체와 같이 조직 단체에도 주장된다. 권혜영은 집단적 권리를 그 집단을 구성하는 구성원이 공동으로 보유하는 공유이익을 가질 때 발생할 수 있고 그 이익은 인간 전체 이익의 한 측면에 대한 권리로서 타인을 의무에 종속되도록 하기에 충분한 이익일 것을 조건으로 하는 '집합적 권리(collective rights)'와 집단이 하나의 실체로서 권리에 앞선 다른 집단과 뚜렷이 구분되는 도덕적 정체성을 가진 집단의 자율적 선택권을 보호하기 위한 '사단적 권리(corporate rights)'로 유형화하고 있다(권혜영, 「집단적 권리론에 대한 비판적 고찰: 그 개념과 유형을 중심으로」, 《세계헌법연구》 24, 2018, 49-77쪽).

유자로 인정되려면 집단으로서 정체성과 이익이 개별 성원의 그 것으로 환원되지 않고 집단의 것으로 존속해야 한다.[42] 미겔 바터 (Miguel Vatter)는 가령 강에 권리를 부여한다면, 강은 물과 공기, 돌, 숲, 동식물, 인간 등으로 이뤄진 결합체(assemblage)로 이해해야 하고, 이러한 의미에서 자연의 권리는 집단적 권리로 볼 수 있다고 한다.[43] 일단 바터의 주장에 따라 자연의 권리를 집단적 권리로 본다면 그러한 권리가 귀속하는 집단으로서 자연의 실체성이 문제될 수 있다. 알폰소 도노소(Alfonso Donoso)는 자연의 권리의 인정에서 해결해야 할 과제로 존재론(ontology)의 문제를 들고 있다. 그에 따르면 자연 또는 생물 공동체(biotic community)의 권리의 두드러진 특성 중 하나는 그것의 비개체주의적 특성, 곧 집합적 특성이다. 그러나 집합적 주체로서 생명 공동체는 권리의 적절한 부여와 인정을 허용할지 결정하는 데 충분하지 않다고 한다. 왜냐하면 법의 정통적 견해에 따르면 권리 부여를 위한 사전 조건으로 어떤 권리주체의 권능(entitlements) 증진에는 권리 보유자의 존재론적 경계, 곧 "단일한 실체(a single unitary entity)"로 확정될 수 있어야 하기

---

42) Matthew H. Kramer, "Rights Without Trimmings", in Matthew H. Kramer, N. E. Simmonds and Hillel Steiner(eds.), *A Debate over Rights: Philosophical Enquiries*, Oxford University Press, 1998, p. 56.

43) Miguel Vatter, "Nature's Law or Law's Law? Community of Life, Legal Personhood, and Trusts", in Marc de Leeuw and Sonja Van Wichelen(eds.), *Personhood in the Age of Biolegality*, Palgrave Macmillan, 2020, p. 231. 바텔은 법의 법과 자연의 법을 구분하면서 자연의 법은 본질적으로 단체 혹은 집단의 법이고, 법의 법(최소한 근대법)은 본질적으로 개인적 또는 주관적 법이라고 한다. 또 자연의 법의 가능성을 사유하려면 살아 있는 집단의 '실제' 법인격 가능성을 사유할 필요가 있다고 한다.

때문이다.[44]

비인간 존재를 법과 정치에서 인정할 수 있는 방법론의 문제를 둘러싸고 몇 가지 접근법이 있다. 먼저 전통적 인간중심주의 접근법으로 이는 존재론적으로 앞선(prior) 권리 보유자로서 '자연인'에 기초한다. 두 번째는 가이아 가설(Gaia Hypothesis)[45]이나 심층생태론 등이 수용, 채택한 전통적 생태중심적 관점으로 자연(herself)을 인간·비인간 존재와 '친근한' 관계의 대용(代用)으로서 'person'으로 인정함에 기반한다. 마지막으로 사회학적 접근법으로 'person'이라는 장치를 비인간 생명 형태에 채용, 투사하되, 의도성 및 책임성 개념과 관련한 '인본주의적' 사고방식을 이 장치에서 제거한다. 이러한 'person'의 비인간화(de-humanization)는 객체도 주체도 아닌 '제3'의 어떤 것—전통적인 이원론을 해체하는 방식 속에서 자연과 문화, 동물성과 인간성을 분리하고 또 재연결하는 어떤 것으로, 독일의 법사회학자 귄터 토이브너(Gunther Teubner)[46]에 따르면 자기 조직적 시스템(autopoietic system)이고, 프랑스 과학사회학자 브뤼노 라투르(Bruno Latour)에 의하면 네트워

---

44) Alfonso Donoso, "Toward a New Framework for Rights of the Biotic Community", in Daniel P. Corrigan and Markku Oksanen(eds.), *Rights of Nature: A Re-Examination*, Routledge, 2021, pp. 144-145.

45) 화학자 제임스 러브록(James Lovelock)이 제안한 논쟁적인 이론인 가이아 가설은 유기물질과 무기물질이 함께 진화하여 자기 조절이 가능한 살아 있는 하나의 초유기체를 형성했다고 가정한다(슐츠·라만, 앞의 책, 291쪽).

46) 사회학자 니클라스 루만(Niklas Luhmann)이 정립한 체계 이론을 법 영역에 수용해 독자적으로 발전시킨 독일 법사회학자다.

크라는 아이디어다[47]—을 존재론적으로 가정하고 있다.[48]

일단 여기서는 전통적 생태중심적 관점에 따라 자연을 법에서 사람으로 인정함으로써 권리 귀속의 실체를 확보하려는 논의를 언급한다. 볼리비아의 「어머니 지구 권리 법」[49]은 어머니 지구를 역동적인 '살아 있는 시스템'으로 정의한다(제3조)[50]. 여기서 살아 있는 시스템은 "동식물, 미생물 및 그 밖의 존재와 환경으로 이뤄진, 인간 사회와 나머지 자연이 기능단위로 상호 작용하는 복잡하고 역동적인 공동체"로 정의한다(상호작용은 "생산 활동과 문화적 다양성 그리고 여러 민족, 선주민, 다문화 및 볼리비아 공동체의 세계관뿐 아니라 기후·지리·지질 요인의 영향"[51] 아래 이뤄진다)(제4조).

---

47) Vatter, "Nature's Law or Law's Law? Community of Life, Legal Personhood, and Trusts", pp. 227-228.

48) Vatter, "Nature's Law or Law's Law? Community of Life, Legal Personhood, and Trusts", p. 227. 제3의 접근법은 법적·정치적 공동체를 비인간 실체에 확장하는 데 결정적 역할을 수행하는 것이 의제된 'person'으로서 법인격이라는 장치라고 본다. 토이브너에 따르면 'person'이라는 가면(mask)을 통해 사회 시스템은 인간과 비인간과 효과적인 접촉을 한다. 라투르 또한 'legal person'으로 의제를 통해 비인간 행위자를 인간화한다. 토이브너와 라투르의 관점에 따르면 자연의 법의 원천은 시스템 밖에 사는 존재에 인위적 내지 의제적 인격을 '투사'하는 시스템 내지 네트워크다. 이러한 관점은 법적 과제를 수행하는 데 필요하다면 신체 일부에서 배(ships)에 이르기까지 모든 것에 법적 지위를 부여해 온 전통적 서구의 법인격 아이디어와 궁극적으로 다르지 않다(Miguel Vatter, "Nature's Law or Law's Law? Community of Life, Legal Personhood, and Trusts", p. 228).

49) 다음 사이트에서 영문본을 볼 수 있다. http://www.worldfuturefund.org/Projects/Indicators/motherearthbolivia.html.

50) 구체적으로 어머니 지구를 "공동의 운명을 공유하는, 상호의존적이고 보완적으로 관련된 모든 생명 시스템과 생명체의 불가분적인 공동체로 구성된 역동적인 생명 시스템"으로, 국가와 소농 원주민의 세계관에서 볼 때 신성한 것이라고 한다.

51) 같은 글.

그런데 현실에서 자연의 주체 내지 실체의 경계 획정 문제는 크게 문제되지 않을 수 있다. 뉴질랜드 입법례처럼 법률로써 자연에 법인격 및 법적 권리를 부여한다면 법률에서 법인격을 부여하는 대상으로 실체를 정의해야 한다.[52] 또한 전체로서 자연의 권리를 인정하는 입법례에서도 실제 자연의 권리의 현실화는 특정 강 등 특정 생태계가 침해된 때로 뉴질랜드 법률에서와 같은 정도로 실체가 확정되지 않을 수 있으나, 법인격이나 권리를 부여할 수 있을 정도의 (자연의 나머지 부분과 구분되는) 존재론적 경계는 확정할 수 있을 것이다.

한편 앞서 언급한 라즈의 권리 공식에 따르면 집단의 고유한 이익은 타인에 의무의 귀속을 정당화하는데 충분한 중요성을 갖는다면 권리를 창출할 수 있다. 특정 생태계를 권리 보유자로 인정한다면 생태계를 구성하는 개별 요소의 이익과 구분되는 그러한 이익으로서 자연 생태계 자체의 고유한 이익은 무엇일까? 자연 생태계는 단순한 기능 시스템이 아니라 '살아 있는'[53] 시스템

---

52) 뉴질랜드 테 우레웨라(Te Urewera) 산림(지역)은 그전에 국립공원이었으므로 이 점과 관련하여 별 문제가 없다. 그리고 테 아와 투푸아(Te Awa Tupua) 법률에서 테 아와 투푸아를 "산에서 바다에 이르는 황거누이 강을 구성하며, 그것의 모든 물리적, 초물리적 요소를 포함하고 있는 불가분적이고 살아 있는 전체(an indivisible and living whole, comprising the Whanganui River from the mountains to the sea, incorporating all its physical and metaphysical elements)"로 인정한다(제12조). 구체적으로 팡아누이 강과 강에 영향을 미치는 유역(the Whanganui River catchment)이다(제15조의 (1)(a)).

53) 자연은 총체적 건강 유지가 개별 단위의 건강과 밀접하게 관련된 전체론적 시스템을 일컫는 단어이다. 따라서 비록 관습적인 의미에서 강이나 토양과 같은 요소들은 '살아 있는' 것이 아니지만, 이 시스템 전체를 '생명 공동체'라고 부르는

이다. 살아 있는 시스템으로서 자연 생태계가 사회의 다양한 기능적 시스템과 구분되는 결정적인 점은 사회의 시스템이 수단적/도구적 가치를 지닌 것인데 반해 자연 생태계는 (인간 이익으로부터 독립한) '본래 가치'를 지녔다는 것이다. 이는 자연 생태계는 생명이 재창조되고 나타나는 곳(에콰도르 헌법 제71조)으로서 생명 공동체이기 때문이다. 안데스 원주민의 관점에 따르면 강과 산은 살아 있는 존재로 시간 속에서 자신의 존재를 유지할 이익, 자신들이 지탱을 돕고 있는 생명 부양 시스템의 존재 이익, 그리고 그러한 시스템의 재생산과 재생성을 가능하게 하는 조건의 보호 이익과 같은 고유한 이익을 갖는다.[54]

권리 보유자의 범위

자연이 권리를 갖는다면 어떤 유형의 실체가 권리 보유자가 될까? 비인간 동물의 삶 주체성(subject-of-a-life)을 인정하며 권리를 동물에 확장한 동물권 운동[55]과 모든 생명체는 자신의 선을 갖는 목적론적 삶의 중심(teleological-center-of-life)임을 역설하는 생명중심적 접근은 권리 보유자의 범위를 잠재적으로 살아 있는 모든 것에 확장할 수 있다. 생태중심주의 등 전체주의적 접근 또한 (비인간 개체의 권리 옹호와 함께) 전체 생태계 또는 생물권(biosphere)의 권리를

것이 타당하다는 견해로는 윌리엄 F. 슐츠·수시마 라만, 앞의 책, 279쪽.

54) Joel Colón-Ríosal, "The Rights of Nature and the New Latin American Constitutionalism", *New Zealand Journal of Public and International Law* 107, 2015, p. 113.

55) Tom Regan, *The Case for Animal Rights*, University of California Press, 1983.

인정한다.[56]

특정 권리 보유자를 식별하는 작업에서 서로 다른 접근법이 있다. 먼저 '세계주의(cosmopolitan)'적 접근법으로 이는 자연의 권리를 인권과 같이 세계적인 것으로, 곧 세계 도처에 있는 자연적 실체가 보유하는 보편적 권리로 다루려는 태도를 말한다. 파차마마 개념이 촉발한 '전체로서 자연'을 상정하는 에콰도르와 볼리비아에서는 자연 일반이 권리를 갖는데 이는 '세계주의적' 접근법의 전형이다. 2010년 볼리비아가 제안한 '어머니 지구의 권리에 관한 세계 선언(Universal Declaration of Rights of Mother Earth)'[57]은 여기에 속한다. 이와 달리 '국내적(domestic)' 접근법은 다른 한편 특정 법체계에서 인정될 수 있는 특정 자연적 실체(가령 강이라 하더라도 모든 강인지 혹은 특별히 중요한 특정 강인지)가 보유하는 국내적 권리로 다루려는 태도를 말한다. 마오리 원주민에게 특별한 중요성을 갖는 강과 국립공원인 숲에 법인격을 부여하는 법률을 제정한 뉴질랜드 사례와 2018년 부족의 주요 식량원으로 그들의 문화적 전통에 깊이 뿌리 내린 마누민(Manoomin)이라는 야생 벼의 권리를 채택한 오지브웨족(the White Earth Band of Ojibwe) 사례가 여기에 속한다.[58]

강과 숲(뉴질랜드 등) 또는 전체로서 자연(에콰도르, 볼리비아 등)에

---

56) Corrigan and Oksanen, "Rights of Nature", p. 4.
57) 전문은 다음 사이트를 참고. https://www.garn.org/universal-declaration/. 이 선언에서는 어머니 지구와 어머니 지구를 구성하는 모든 존재는 생명 및 존재할 권리 등 내재적 권리(inherent rights)를 갖는다고 한다.
58) Corrigan and Oksanen, "Rights of Nature", p. 7.

권리 내지 법인격을 부여하는 입법은 생태계 또는 전체로서의 생물권을 적절한 권리 보유자로 제안하는 (환경윤리에서의) 전체론적 관점에 근접하는 것이다. 권리 보유자를 확인하고 그 경계를 획정하는 문제는 특히 도전적이고 정치적 다툼의 이유가 될 수 있다.[59]

법인격의 문제

산림이나 강, 빙하 등 특정 생태계나 생태계의 구성 요소를 어떤 이익을 갖는 주체로 상정하는 것은 주체(성)에 관한 전통적 관념에 비춰 선뜻 받아들이기 힘들어 보인다. 주체(성)(Subjectivity)은 철학의 중심 개념으로, 의식, 행위능력(agency), 인격성(personhood) 등의 개념과 관련해 다양하게 쓰인다.[60] 그런데 법에서는 전통적인 철학적 의미에서의 인격성(능력 있는 성인의 정교한 정신적 속성)을 결한 광범한 실체에 법인격을 부여해 왔다. 여기에는 기업과 대학, 도시 등 지방자치단체 및 국가 등의 경우는 물론 유아나 심각한 지적 장애를 지닌 성인처럼 법적 행위능력을 결한 개인도 포함한다. 집합적 실체(collective entities)도 '법에서 사람(legal person)'으로

---

59) Corrigan and Oksanen, "Rights of Nature", p. 7.
60) 이러한 의미에서의 주체성은 좁게는 관점(perspectives), 감정(feelings), 믿음(beliefs) 및 욕구(desires) 따위와 같은 의식의 경험을 갖는 개인 또는 개체(individual)를 의미한다. 넓게는 대상 또는 객체라 일컫는 것에 작용을 가하거나 힘을 행사하는 능력을 갖는 어떤 실체로 대상(object)과 쌍대 개념인 주체(subject)를 의미한다(Routledge Encyclopedia Philosophy, https://www.rep.routledge.com/articles/thematic/subjectivity/v-1; Wikipedia, https://en.wikipedia.org/wiki/Subjectivity 참고).

여겨져 그의 권리·의무와 책임은 자연인 내지 인간 개인에 환원되지 않는다고 보았다. 따라서 법적 권리의 귀속 근거를 제공하는 법인격은 철학적인 인격성 개념으로부터 독립한다.[61]

〈표 1〉 'person'의 의미와 유형[62]

의미 영역	유형	
법적 의미(legal person): 권한과 의무를 가질 수 있는 실체(entity)	자연인 (natural persons)	개인(individuals)
	법률인 (juridical persons)	법인격이 부여된 단체(associations)
도덕(윤리)적 의미: 자유의지와 이성을 가진 존재	-	-
철학적 의미: 특정 목적을 기획, 수행할 수 있는 이성합리적 존재	-	-

'person'은 권리를 행사하고 의무를 부담하는 능력을 준거로 해 정의되는데[63] 여기에는 자연인(natural persons)과 법률인(juristic persons)을 포함한다.[64] 여기서 법률인은 의제에 의해 인격성이 부

---

61) Corrigan and Oksanen, "Rights of Nature", p. 5.
62) Elvia Arcelia Quintana Adriano, "Natural Persons, Juridical Persons and Legal Personhood", *Mexican Law Review* 8, 2015, pp. 106~107을 재구성.
63) Bryan A. Garner, "Legal Person", *Black's Law Dictionary*(9th ed.), West Group, 2009, p. 978.
64) Pain and Pepper, "Can Personhood Protect the Environment? Affording Legal Rights to Nature", p. 317.

여된 실체—실재하든 상상이든—로 인식됐다.[65][66]

그렇다면 법에서 사람에 해당한다 함은 구체적으로 무엇을 의미하는가. 이 문제에서 법학자들의 견해는 크게 두 갈래로 갈린다.[67] 법에서 사람은 형이상학적 사람에 근접해야 한다고 보는 입장이 있다. 이때 형이상학적 요소를 어떻게 이해하느냐에 따라 'legal person'은 독특한 인간 본성, 또는 영혼의 보유 또는 이성적 추론 능력에 의해 다양하게 정의된다. 이에 반해 법에서 사람은 형이상학적 사람이 아니라 순수하고 형식적인 고도의 법적 추상으로 법 장치로 보는 입장도 있다.[68]

의제 이론에 바탕한 한스 켈젠(Hans Kelsen)의 주장은 후자의 입장을 극단까지 밀어붙인 경우다. 켈젠은 자연인과 법률인은 권리-의무에 의해 정의되는데, 이것들이 함께 'person'이라는 개념

---

65) Pain and Pepper, "Can Personhood Protect the Environment? Affording Legal Rights to Nature", p. 318.

66) 참고로 우리 민법 제3조는 "사람은 생존한 동안 권리와 의무의 주체가 된다"고 함으로써 사람(人)을 기본적으로 자연인으로 본다. 다만 민법은 자연인 이외에 일정한 사람 또는 재산의 조직체를 법인이라 하여 권리능력을 가진다고 인정하고 있으므로, 민법에서 '인'이라는 용어는 자연인과 법인을 포괄하는 개념으로 주로 사용된다(김용덕 편, 『주석 민법: 총칙 1』(제5판), 한국사법행정학회, 2019, 244쪽).

67) 2001년《하버드 로 리뷰(Harvard Law Review)》는 (법에서) '사람'이라는 용어는 (다양하게 정의된) 인간 존재를 의미하기 위해 사용되기도 하고, 또는 (또한 다양하게 정의된) 형식적인 법적 장치로 취급되기도 한다며 다음과 같이 마무리 지었다. "사람을 어떻게 정의할지의 문제는 '기술 발전과 경제성장'에 따라 더 논란이 될 것이다. 이 주제는 대체로 이론적 발달이 덜 돼 더 관심을 기울일 가치가 있다" (Dave Fagundes, "Notes: What We Talk About When We Talk About Persons: The Language of a Legal Fiction", Harvard Law Review 114(6), 2001, p. 1746, 1768).

68) Ngaire Naffinen, "Who are Law's Persons? From Cheshire Cats to Responsible Subjects", The Modern Law Review 66(3), 2003, p. 346

을 통해 은유적으로 표현된다고 한다. 따라서 켈젠은 회사의 법인격과 자연인의 법인격 간의 어떠한 차이도 부정하고, 법적 의미에서의 인격성은 단지 규범과 권리 그리고 의무의 복합체를 기술적으로 사람으로 취급하는 것(personification)에 불과하다고 한다.[69] 리처드 터(Richard Tur)도 "법인격이 권리·의무를 갖는 법적 능력이라한다면, 그것 자체는 법의 인위적인 창설로, 그 어떤 것도 또는 누구라도 (법에서는) 사람이 될 수 있고, 이러한 의미에서 법인격 개념은 전적으로 형식적인 것으로, 권리 내지 의무를 가질 수 있는그 어떤 것으로도 채울 수 있는 빈 투입함 같은 것"이라고 한다.[70]애나 그리어(Anna Grear) 또한 법에서 사람을 법적 장치로 보는데,그녀에 따르면 'person'은 그 고도의 형식성 덕분에 어떤 것도 '표상'할 수 있는데 역동적 복잡성, 불확실성 그리고 급격하게 혼종형태를 산출하는 사회-물질성(socio-materiality)[71] 속에서 법의 조정역할[72]을 고려하면, 이는 유용할 뿐 아니라 점점 불가결해질 것이

---

69) Elvia Arcelia Quintana Adriano, "Natural Persons, Juridical Persons and Legal Personhood", p. 106.

70) Richard Tur, "The 'Person' in Law", in Arthur Peacocke and Grant Gillett, *Persons and Personality: A Contemporary Inquiry*, Blackwell Pub, 1987, p. 121.

71) 지난 약 20년에 걸쳐 물질성(materiality)은 사회과학의 뜨거운 쟁점으로 부상해 왔다. 물질성 개념은 관계성(relationality)과 과정성(processuality)에 강조점을 두는데 세계의 물질적 과정 그리고 인간/비인간 및 언어/비언어 사이의 모호하고 역동적인 경계에 주의를 기울임으로써 사회과학은 기존의 접근에서 얻을 수 없었던 새로운 통찰과 적실성을 얻고자 한다(김석환, 「사회과학의 '물질적 전환(material turn)'을 위하여」,《경제와 사회》112, 2016, 208-231쪽).

72) "법은 인간 사회가 희망하는 목적을 성취하기 위하여 그 사회 성원의 행태를 형성하고자 하는 목적의식적 도구다. 인간 사회의 역동적 균형성은 특정 행동이 그

라고 한다. 다만 그녀는 '법인격'이라는 용어를 대체하여 '법 실체(legal entity)' 개념을 사용할 것을 제안하는데, 이 개념을 통해 그 의미론적 공명을 자연인으로서 '사람'과 '인간'에서 벗어나 법 주체로 합당할 수 있는 광범한 후보로 향할 수 있다고 한다[73](그러한 광범한 후보에는 동물과 태아, 자연물 그리고 인공지능 등이 포함된다).[74] 이와 관련하여 「테 우레웨라 법」은 테 우레웨라를 법 실체로 규정하며, 'legal person'으로서 권리와 권한, 의무 및 책임을 갖는다고 한다.[75]

법에서 사람은 소위 사법적 가면(juridical masks)[76]으로 법에서 누가 사람으로 고려되어야 하는가의 문제는 법인격 관념으로 대답

른지 아닌지 분류하기 위한 공통 논리를 제공하는 제도에 의해 성취된다"(Gillian K. Hadfield and Barry R. Weingast, "What Is Law? A Coordination Model of the Characteristics of Legal Order", *Journal of Legal Analysis* 4(2), 2012, p. 471, 473).

73) Anna Grear, "Law's Entities: Complexity, Plasticity and Justice", *Jurisprudence* 4(1), 2013, pp. 110-111. 관련하여 알렉산더 네캄(Alexander Nekam)도 이미 오래전에 『법 실체의 인격적 개념(*The Personality Conception of the Legal Entity*)』(1938)에서 'person'이나 'subject'와 같은 개념에는 법은 자연적 존재(natural beings)만을 다루는 것처럼 보인다는 함의가 담겨 있다며 이를 버리고 '법 실체'라는 용어로 대체할 것을 제안한 바 있다(Nagaire Naffine, "Legal Personality and the Natural world: on the persistence of the human measure of value", *Journal of Human Rights and the Environment* 3(Special Issue), 2012, p. 82).

74) 이 쟁점에 관한 최신 연구로는 Visa AJ Kurki, *A Theory of Legal Personhood*, Oxford University Press, 2019.

75) 「테 우레웨라 법」 제11조(1)("Te Urewera is a legal entity, and has all the rights, powers, duties, and liabilities of a legal person.").

76) 'person'이라는 단어는 어원적으로 가면을 뜻하는 'personare'에서 유래한다 (Elvia Arcelia Quintana Adriano, "Natural Persons, Juridical Persons and Legal Personhood", p. 104).

하는 것이 충분하지 않다.[77] 그렇다면 법에서 어떤 것이 사람으로 취급되는가? 이에 대해서는 도덕 이론이 고도의 가치성을 부여하는 그러한 가치를 증진하는 데 이바지한다면, 그 가치를 증진하는 어떤 실체는 법에서 사람으로 적정하게 취급될 수 있다는 주장이 있다. 가령 바위의 경우 (그럴 가능성은 희박하지만) 적합한 방식으로 그러한 가치 증진에 이바지할 수 있다면 법에서 사람으로 취급할 수 있다. 이런 점에서 법에서 사람은 규범적인 것으로 이는 사실관계가 아니라 도덕 이론에 의해 결정된다(소수 인종과 같은 비조직 집단은 도덕 이론이 보호 가치가 있다고 인정하는 이익을 가질 수 있거나 아니면 그러한 이익을 보호하는 데 있어 도구적일 수 있기 때문에 비슷한 문제를 제기한다).[78]

위에서 언급한 바와 같이 뉴질랜드 정부는 2014년 국립공원인 테 우레웨라를 법적 실체로 사람(legal person)이라 규정했는데 이는 와이탕이(Waitangi) 조약 협상의 맥락에서 토지소유권과 완전한 정치적 권위를 투호족(Tūhoe)에도 또 정부에도 부여하지 않으려는 일종의 타협으로, 결국 소유자는 테 우레웨라 자체이고 테 우레웨라 위원회가 사실상으로 또 법률상으로 테 우레웨라의 관리

---

77) Jorg Kustermans, "The State as Citizen: State Personhood and Ideology", *Journal of International Relations and Development* 14(1), 2011, 10(Rafi Youatt, "Personhood and the Rights of Nature: The New Subjects of Contemporary Earth Politics", *International Political Sociology* 11(1), 2017, p. 45에서 재인용).

78) Steven Walt and Micah Schwartzman, "Morality, Ontology, and Corporate Rights", *Law and Ethics of Human Rights* 11(1), 2017, p. 15, 19.("'person' 은 person 내용을 정의하는 도덕이론으로부터 독립한 내용을 갖는 그러한 규범 범주는 아니다.")

자(govenor)가 될 것을 선택한 것이다.[79] 마오리 원주민과 뉴질랜드 정부 사이에 테 우레웨라의 소유 및 관리권을 둘러싼 지난날의 갈등과 대립을 종식하고 영구적 평화 관계를 구축하고자 하는 와이탕이 조약의 목표를 성취하기 위한 한 방편으로, 테 우레웨라를 사람으로 인정하는 것이 그러한 가치 증진에 이바지할 수 있는 적합한 방식이라고 판단했기 때문으로 해석할 수 있다. 이와 관련하여 흥미로운 점은 에콰도르 헌법 자연의 권리 조항에서는 자연에 법인격(legal personhood)이라는 단어 사용을 피하고 있다는 점이다. 파차마마(어머니 대지)는 분명 권리를 갖지만, 이는 '권리 보유 실체(rights-bearing entity)'로서 그러하다.[80] 볼리비아 또한 어머니 지구의 권리 행사 및 보호의 보장과 관련하여 어머니 지구의 법적 성격을 '집합적 공익 주체(collective subject of public interest)'[81]로 정립하고 있다. 존 듀이(John Dewey)는 자신의 고전적 에세이에서 법에서 'person'은 단지 법적 구성물에 불과하다고 말했다.[82] 결국 법인격 문제의 본질은 현실에서 맞닥뜨려 해결해야 하는 윤리적 문제

---

79) Mihnea Tanasescu, "Rights of Nature, Legal Personality, and Indigenous Philosophies", *Transnational Environmental Law* 9(3), 2020, p. 451.

80) Youatt, "Personhood and the Rights of Nature", pp. 10-11.

81) 제5조(어머니 지구의 법적 지위) 어머니 지구의 권리의 보호 및 보호라는 목적 범위에서 어머니 지구는 집합적 공익의 성격을 갖는다. 어머니 지구와 인간 공동체를 포함한 모든 구성 요소는 이 법에서 인정하고 있는 내재적 권리를 갖는다. 어머니 지구의 권리 행사에서는 다양한 구성 요소의 특이성과 특정성을 고려한다. 이 법에 따른 권리는 어머니 지구가 갖는 그 밖의 권리의 존재를 제한하지 아니한다.

82) John Dewey, "The Historic Background of Corporate Legal Personality", *Yale Law Journal* 35(6), 1926, pp. 655-673.(Miguel Vatter, "Nature's Law or Law's Law? Community of Life, Legal Personhood, and Trusts", p. 229에서 재인용).

이자 실제적인 문제라는 점에 있다.[83] 이런 점에서 사람 개념 자체를 궁구하는 대신 특정 실체의 이익을 위하여 또는 그 이름으로 말할 수 있는 권한을 누군가에 부여하는 사회적 과정, 곧 인격화 작업('personation' 또는 'personification')에 초점을 둬야 하고 그럼으로써 그 실체를 행위자로 만들어야 한다며 어떤 실체가 'legal person'으로 되는 사회적 과정에 관심을 돌리면서 인격화를 탐구의 핵심 지점으로 보는 견해[84]는 설득력을 갖는다.

대표 문제

자연의 권리를 인정한다면 자연 자체는 행위능력, 곧 권리 행사 능력이 없으므로 누가 자연의 권리를 행사할 수 있는가 하는 이른바 대표(representation)의 문제가 발생한다. 에콰도르 헌법은 모든 이에 자연의 권리를 대표할 권한을 부여하지만 뉴질랜드는 특정 사람 내지 특정 기구나 위원회와 같은 대표체(representatives)로 제한한다. 한편, 콜롬비아 법원이 인정한 바와 같이 원주민의 인권과 자연의 권리라는 이중 근거를 갖는 이른바 생물문화적 권리 (biocultural rights)[85]를 인정한다면, 원주민 집단이 자연의 권리를 행

---

83) Tur, "The 'Person' in Law", p. 126.
84) Youatt, "Personhood and the Rights of Nature", p. 45.
85) Soc. Just. Stud. et al. v. Presidency of the Republic (Constitutional Court of Colombia, T-622/16, 10 November 2016) (Colom.) 35, 52. "소수 민족 집단은 자신들의 법과 관습에 따른 '영토' 및 거주지──여기서 환경과 생물다양성에 갖는 특별한 관계성에 기반해 자신들의 문화와 전통 그리고 생활 방식이 발전한다──를 이루는 '자연자원'에 대해 자율적인 후견(guardianship)을 시행하고 행사할 권리를 갖는다.

사할 것이다. 물론 다른 장치도 가능하다. 예컨대 크리스토퍼 스톤은 법원 내지 그 밖의 권위 있는 기구가 권리 행사의 대표를 지정할 수 있다고 한다.[86]

이러한 대표 문제는 후견제도(guardianship)로 나타난다. 즉 자연의 권리는 현실에서 후견인(guardian)에 의해 행사되는 것이다. 이러한 후견제도는 크게 두 가지 모델, 곧 에콰도르 모델(전체로서 자연 모델)과 뉴질랜드 모델(특정 생태계 모델)로 나뉜다.[87]

A. 에콰도르 모델: 에콰도르와 미국의 자연의 권리 법제다. 이 모델에서는 자연의 권리 인정 범위가 매우 넓게 규정된다(관할 내에서 모든 자연이 권리를 가진다). 또한 존재할 권리, 생태계의 순환 기능을 유지할 권리, 침해에서 회복될 권리와 같이 자연이 갖는 특정 권리를 규정한다. 이 모델에서 누구에게나 자연을 대변할 수 있는 당사자자격을 부여한다(그러나 자연의 이익 대변이 강제되지는 않는다. 즉 누구도 법적으로 그러한 의무를 지지 않는다). 결과적으로 이 모델에서는 침해가 임박하거나 침해가 발생했을 때 사람들이 법원에서 자연의 권리 보호를 주장하는 것과 같이 자연의 권리 실현을 위해

이러한 권리는 상호의존적이며 분리해서 이해할 수 없는 (……) 자연(및 자연자원)과 소수 민족 집단의 문화는 근원적으로 연결돼 있음을 인정하는 데서 나온다.”

86) Corrigan and Oksanen "Rights of Nature", p. 6.

87) 이 부분은 Anthony R. Zelle et al., *Earth Law: Emerging Ecocentric Law—A Guide for Practitioners*, Wolters Kluwer, 2021, pp. 157-165에서 후견제도 부분을 요약, 정리한 것이다.

그때그때 대응할 따름이다(에콰도르 법체계는 개인이나 지역사회가 제기한 자연의 권리 침해 주장을 조사하고 보고서를 작성하는 옴부즈맨의 역할을 특별히 창설했다).

B. 뉴질랜드 모델: 뉴질랜드, 콜롬비아, 인도에서 나타나는 자연의 권리 법이다. 이 모델에서는 특정 생태계는 법인격을 갖는 존재로, 권리를 갖는 법 주체가 된다. 여기서는 대체로 특정 권리를 규정하지 않는다. 자연의 권리를 보호하기 위하여 특정 후견인이 생태계를 대변하도록 지정될 뿐 아니라 그러한 후견인들이 법과 정책의 양 측면에서 생태계를 대변할 의무가 있다.

〈표 2〉 후견제도의 두 모델[88]

	에콰도르 모델	뉴질랜드 모델
국가	a) 에콰도르: 헌법 b) 미국: 지방조례	a) 뉴질랜드: 법률 b) 콜롬비아 및 인도: 판례
보호 범위	모든 자연이 (광범한) 법적 권리 보유: 존재할 권리, 생태계 기능을 유지할 권리, 침해 시 회복할 권리	특정 생태계의 권리가 인정
법적 권리	자연의 권리를 명확히 상세 기술	특정 생태계에 법인격 부여

---

88) Zelle et al., *Earth Law*, p. 163.

법적 대표자	누구나 자연을 대표할 수 있음	특정 후견인이 생태계 대변할 권한/의무 있음
시정	자연의 권리가 침해되었거나 침해될 우려가 있다고 보고될 경우: 주로 법원에서 다뤄짐	후견인은 통합된 생태계 관리 체제(거버넌스) 내 제도화

자연의 권리의 목적과 기능

자연의 권리가 채택, 이행되는 다양한 사회적·정치적 맥락을 감안하면 자연의 권리에는 단일한 공통의 기능을 발견할 수 없다. 예컨대 뉴질랜드 사례의 경우를 보면, 정부는 마오리 원주민과의 해묵은 분쟁을 해결하는 수단·방법으로 자연적 실체에 자연의 권리를 부여하는 데 합의했다. 반면 마오리 원주민은 자연의 권리를 자신들이 성스럽게 여기는 자연적 실체에 합당한 도덕적 존중과 보호를 촉구하는 수단·방법으로 이해하고 있다.

자연의 권리의 기능과 관련하여 자연의 권리가 현행 환경 목표를 실현하는 단순한 실용적 도구로 기능하는지 아니면 자연환경에 대한 정치적·법적 접근에서의 패러다임 전환으로 기능하는지 견해가 나뉜다. 일부는 자연의 권리 운동은 근본적으로 '인간과 자연 간 이익 균형'을 재정립(re-envision)하는 기회로서 성격을 가진다고 한다. 이는 사회적·법적 구조의 광범한 변화에 반영되는 존재론적인 근본 전환을 의미한다. 이와 달리 자연의 권리 운동은 현재 지배적인 사회적·법적 틀에 근본 변화(영향)을 일으키지 않고 환경보호를 증진할 수 있는 (또 다른) 실용적이거나 전략적인 도구, 즉 법체계 내에서 자연의 이익을 강조하는 한 가지 방법 또는 사회의 재형성 없이 특정 환경소송을 진전시키기 위한 새로운 접근법으로 특징화할 수 있다고 한다.[89] 다른 한편 자연의 권리 운동은 패러다임 전환 요소와 실용적 요소 양자를 내장하는 것으로 인식할 수 있다며, 이 운동을 근본적으로 인간과 자연의 관계에 관한 사회적·법적 이해를 재정립할 수 있는 절차적 접근법으로 이해하자는 견해도 있다.[90]

한편 자연의 권리의 함의(잠재력)에 관한 다양한 이해 방식이 있다. 첫 번째는 자연의 권리 접근법이 가진 패러다임 변화의 잠재력을 강조하는 견해다. 예컨대 크리스트 클라크와 그의 동료들은 인간-자연 간 관계의 접근에서 존재론적 전환을 위한 이상적인 출발점으로서 (권리주체로서) 강 시스템을 제안함으로써 강과 생명 간 "심오한 유대"를 지적한다.[91] 두 번째 이해 방식은 비록 패러다임 전환을 가져올 수 없더라도 자연의 권리 운동은 다양한 환경 이슈에 광범한 함의를 가질 수 있다고 보는 것이다.[92] 마지막으로

---

89) 대니얼 코리건은 생물다양성 보호에서 자연의 권리의 역할을, 알폰소 도노소는 피해로부터 생물공동체의 안전성과 통합성 유지 기능에 이바지함을 검토한다(Corrigan and Oksanen, "Rights of Nature", pp. 10-11.

90) J. Michael Angstadt and Marion Hourdequin, "Taking Stock of the Rights of Nature", in Daniel P. Corrigan and Markku Oksanen(eds.), *Rights of Nature: A Re-Examination*, Routledge, 2021, pp. 15-16.

91) Cristy Clark et al., "Can You Hear the Rivers Sing: Legal Personhood, Ontology, and the Nitty-Gritty of Governance", *Ecology Law Quarterly* 45, 2018, p. 787.

92) Hope M. Babcock, "A Brook with Legal Rights: The Rights of Nature in Court",

지금의 지배적인 사회적·법적 틀 내 위치한 자연의 권리 운동은 패러다임 변화를 낳을 가능성이 없다고 보는 이해 방식이다. 자연의 권리와 인간의 권리(사유재산권을 포함해) 간 충돌의 해결에는 판단 기준이 요구된다. 그런데 이 기준에는 한 사회의 사회적·법적 구조에서 나오는 규범 원칙 및 가치 위계가 불가피하게 반영될 수밖에 없다.[93] 즉, 성장에의 집착, 상품화, 인간중심주의 그리고 인간 예외주의라는 서사—여기서는 인간 사회에서 부의 항구적인 증대가 공동선을 제공하는 것으로 여겨진다—로부터 근본적 전환 없이는 그 충돌 대립은 경제적 이익과 사적 재산권을 우선하는 방식으로 해결될 것이라 한다.[94]

인권에 상응하는 의무는 통상 (1) 존중 의무와 (2) 보호 의무 그리고 (3) 실현 의무로 구분해 고찰한다. 자연의 권리와 관련한 의무를 이해하는 데도 이러한 일련의 의무가 사용될 수 있다(권리에 상응하는 구체적인 의무는 권리 내용과 권리 보유자 성격—쾌락과 고통 감수성을 지닌 동식물인지, 바위나 강과 같이 그러한 감수성이 결여된 존재인지 등—에 따라 달라질 것이다).

자연의 권리 내용은 권능(entitlements)으로 구성된다. 따라서 자

Ecology Law Quarterly 43(1), 2016, pp. 1-61.

93) Geoffrey Garver, "Confronting Remote Ownership Problems with Ecological Law", *Vermont Law Review* 43(3), 2019, pp. 425-454.

94) David R. Boyd, *The Rights of Nature: A Legal Revolution That Could Save The World*, ECW Press, 2017, pp. 230-231. 한국어 번역본은 데이비드 보이드, 이지원 옮김, 『자연의 권리』, 교유서가, 2020.

연의 권리는 자연적 실체가 피해나 훼손 또는 간섭받지 않을 권능을 내용으로 한다고 말할 수 있다. 이러한 권능에 상응하는 의무가 특정 주체에 지워진다. 자연의 권리는 권리 보유자에 피해나 훼손을 끼치지 않거나 간섭하지 않아야 할 소극적 의무로서 존중 의무를 수반한다. 자연의 권리는 또한 어떤 행위능력자(가령 정부)에 제3자가 피해나 훼손 내지 간섭하지 않아야 할 의무의 준수를 보장하는 적극적인 의무로서 보호 의무를 포함한다. 이러한 종류의 권능 및 상응하는 의무가 최소한의 자연의 권리 내용에 해당한다 할 것이다. 나아가 권리 보유자에 복원에 관한 권능을 부여할 수 있다. 이러한 복원에 관한 자연의 권리로부터 보다 적극적인 실현 의무가 인정될 것이다.[95] 파나마는 2022년 2월 24일 「자연의 권리 법」[96]을 공포했는데 이 법률에서 자연의 권리로서, "존재하고, 지속하며, 생명 순환을 재생할 권리"와 "생물다양성 보전에 대한 권리" 그리고 "인간 활동으로 직간접적으로 영향을 받은 경우 복원될 권리"를 인정하고 있다.[97]

이상 자연의 권리론의 결과를 세 가지로 정리할 수 있다. 첫째,

---

95) Corrigan and Oksanen, "Rights of Nature", pp. 9-10.

96) Rights of Nature Law(Panamanian Law No. 287).

97) CDER, "Press Release—Eng/Span: Panama Enacts Law that Recognizes Rights of Nature", https://www.centerforenvironmentalrights.org/news/press-release-panama-enacts-law-that-recognizes-rights-of-nature; Katie Surma, "Panama Enacts a Rights of Nature Law, Guaranteeing the Natural World's 'Right to Exist, Persist and Regenerate'", *Inside Climate News*, February 25, 2022, https://insideclimatenews.org/news/25022022 /panama-rights-of-nature/.

자연의 권리는 개체적 권리가 아니라 집단적 권리로 이해해야 한다. 조셉 라즈의 권리 공식에 따르면 '집단의 고유한 이익이 타인에 의무 귀속을 정당화하는 데 충분한 중요성을 갖는다'면 권리가 창출될 수 있다. 자연 생태계 자체는 시간 속에서 자신의 존재성을 유지할 이익, 자신이 지탱을 돕고 있는 생명 부양 체계의 존재 이익, 그리고 그러한 체계의 재생산과 재생성을 가능하게 하는 조건의 보호 이익 등을 갖는다. 생태계, 예컨대 강은 물과 공기, 돌, 숲, 동식물 그리고 인간 등으로 이뤄진 결합체로 이러한 의미에서 자연의 권리는 집단적 권리로 볼 수 있다. 둘째, 권리가 귀속되는 법 주체성의 문제는 법에서 'person'의 인정 문제로 다루어진다. 법에서 사람은 권한과 의무를 가질 수 있는 실체로 정의된다. 의제 이론의 이해에 따르면 'person'은 일종의 '사법적 가면'으로 도덕 이론이 고도의 가치성을 부여하는 그러한 가치를 증진하는 데 어떤 실체가 이바지한다면 그 실체는 법에서 'person'으로 적정하게 취급될 수 있다. 셋째, 자연의 권리를 인정한다면 이른바 대표의 문제가 발생하는데 이는 후견제도로 나타난다. 자연의 권리는 현실에서 후견인에 의해 행사된다. 이러한 후견제도는 크게 두 가지 모델, 곧 에콰도르 모델(전체로서 자연 모델)과 뉴질랜드 모델(특정 생태계 모델)로 나뉜다.

자연의 권리론과 환경소송 실무[98]

자연의 권리가 인정된다면 기존 법학과 법 이론, 법 실무에 어떠한 영향을 미칠 것인가? 가령 자연의 권리 인정이 현행 환경법(정책)과 비교해 환경보호에 더 긍정적인 결과를 낳을 것인가? 양자는 대체 관계인가, 병행 관계인가, 혹은 상호보완 관계인가?, 보다 근본적으로 자연의 권리 인정이 기존 권리주체론 내지 법인격론에 어떠한 영향을 미칠 것인가? 간단히 대답할 수 없는 논제다. 여기서는 일단 상대적으로 대답하기 쉬운 문제, 곧 자연의 권리 인정이 환경소송 실무에 미칠 수 있는 영향을 살펴보는 것에 국한하고자 한다.

환경소송 실무에서 자주 제기되는 법적 쟁점은 원고적격, 증명책임 그리고 이익형량에 관한 것인데 자연의 권리 인정에 따라 이 쟁점이 법원에서 어떻게 다뤄지는지를 먼저 에콰도르의 빌카밤바 강 사례를 통해 확인할 수 있다.

자연의 권리와 원고적격

빌카밤바 강 사건은 자연의 권리 조항을 원용한 원고가 승소한 최초의 사례다. 로야 지방정부는 환경영향평가를 하지 않은 채 도로 건설 과정에서 발생한 폐기물을 하천에 투기했고, 그 결과 하천 유량이 증가하고, 하천 흐름이 바뀌면서 홍수가 발생해 지역의

---

98) 이 주제와 관련하여 조희문, 「한국법원판례에 나타난 자연권리와 법원의 역할」, 《강원법학》 68, 2022, 445-479쪽 참고.

생태계(원고의 재산을 포함하여)가 훼손되었다. 이에 원고는 강과 주변 생태계를 원상회복하라며 강의 이익을 위하여 소를 제기했다(자신의 침해된 재산 회복은 청구에 포함하지 아니했다).

2010년 1심 법원은 원고에 원고적격이 없음을 들어 원고의 청구를 기각했다. 그러나 항소심 법원은 헌법의 자연의 권리 조항을 근거로 원고는 자신의 손상이 아니라 자연의 손상을 증명하면 충분하다며 원고적격을 인정했다. 또한 "환경 피해를 즉각적으로 구제하는 유일한 방법으로 헌법상 보호조치 청구는 적합하고 또 효과적"[99]이라 했다. 환경 피해는 미래 세대에 걸친 피해(generational damages)라는 점과 사전주의 원칙 등을 고려하여 증명책임을 피고에 전환해 피고 지방정부가 도로 확장이 환경에 아무런 영향을 미치지 않을 것임을 증명해야 한다고 판시했다. 법원은 피고에 "30일 이내 강 주변 지역의 정화 및 복원 계획과 개발 사업에서 발생한 폐기물의 투기 및 야적으로 인하여 지역주민들에게 끼친 피해 회복 계획 및 환경 당국의 권고 이행 계획 제출 등을 명했다.[100]

이른바 주관적 권리 구제 법제에서는 환경소송에서 원고적격이 인정되려면 '자연 침해'의 증명만으로 부족하고, 나아가 자연 침해로 인하여 원고의 주관적 권리 내지 이익에 어떠한 부정적 영

---

99) Huddle v Provincial Government of Loja Appeals Decision, https://ecojurisprudence.org/initiatives/huddle-v-provincial-government-of-loja/.

100) Huddle v Provincial Government of Loja Appeals Decision, https://ecojurisprudence.org/initiatives/huddle-v-provincial-government-of-loja/.

향이 있는지(있을지)를 증명해야 한다. 환경보호의 측면에서 본다면 자연의 권리가 인정되는 경우 환경은 자체의 이익으로, 인간이익 침해의 증명 없이도 앞단에서 보호될 수 있다는 장점을 가진다. 자연의 권리가 법률에서 인정하지 아니하는 미국 콜로라도 주는 2017년 콜로라도 강의 권리를 침해했다고 주장하는 소송에서 원고적격의 증명에 실패해 패소했다. 당시 패소 요인을 상세히 검토한 매튜 밀러(Matthew Miller)는 "원고는 헌법 제3조에 따른 기술적인 사법심사적격 요건(즉 사실상 피해(injury), 인과관계(traceability), 구제 가능성(redressability))을 충족하려는 것보다 이 사건은 검토 가치가 있다고 법원을 설득하는 데 변론 대부분을 할애했다."[101] 밀러는 자연의 권리 접근법이 비인간중심주의로 전환을 만들어낼 수 있는 잠재력을 지니고 있지만, 그러한 노력은 현행 법체계 요건에 밀접하게 참여할 수 있을 때 성공적일 수 있다고 한다.

자연의 권리와 증명책임

증명책임 역시 법으로 금지되거나 제한되지 않았다면 행위 수행에 특별한 제약을 받지 않는다는 이른바 자유 우선 원칙에 따라 원칙적으로 원고가 개발 사업 내지 개발 행위로 인하여 환경 침해가 발생했거나 발생할 수 있음을 증명해야 한다.[102] 그러나 자연

---

101) Matthew Miller, "Environmental Personhood and Standing for Nature: Examining the Colorado River Case", *The University of New Hampshire Law Review* 17(2), 2019, p. 369.
102) 다만 새만금 소송 대법원 판결에서 반대 의견은 "환경 변화로 인하여 나타날 구체

의 권리가 인정된다면 자연 우선 원칙이 인정되어 개발 사업 내지 개발 행위로 인하여 참을 한도를 넘는 환경 침해가 발생하지 아니할 것임을 개발 행위자가 증명해야 한다.

파나마의 「자연의 권리법」 제8조에서 이 점과 관련하여 상당한 의미 있는 해석 원칙을 확립하고 있다. 먼저 이 조항은 '자연의 이익의 상위성(Superior interest of Nature)'을 인정한다. 이 원칙은 자연의 본래 가치에 근거한 자연의 기본적 권리에 대한 특별한 보호를 의미하는데, 이는 자연의 필수적인 생태적 순환 과정의 특성을 변화시킬 수 있는 인간 행동에 직면한 '자연의 취약성' 때문에 인정된다. 이러한 자연의 상위이익성 원칙에 따라 '의심스러울 때는 자연의 이익으로(In dubio pro natura)'라는 원칙이 도출된다. 이 원칙에 따라 분쟁 내지 갈등 국면에서 자연이 취약한 상황을 발견할 때, 늘 환경보전과 자연의 권리의 보호·보장에 우호적인 의미로의 해석이 우선한다. 그리고 자연이 취약한 상황인지가 의심스러운 경우에도 법원이나 행정 기구 그 밖의 의사결정 기구의 쟁송 절차에서 법률의 공백 내지 모순은 자연에 덜 해로운 대안에 우선권을 줌으로써 해결되어야 한다.

적 위험성이나 훼손될 환경 가치의 중대성 등을 가능성까지는 입증했지만 정확하게 확인되지 못한 때, 그 사업이 대규모 사업으로서 환경 변화의 영향력이 미치는 범위가 아주 넓고 예측되는 환경 변화의 폐해가 심각한 것이어서 그 가능성이 현실화되는 것을 도저히 용인하기 어려운 경우라면 (……) 희생되는 환경의 가치나 환경 훼손으로 인한 폐해의 위험성과 관련하여 경제성이나 안전성이 확인되지 않은 것으로 보는 것이 더 합리적"이라고 했다.

자연의 권리와 이익형량

한편 이익형량에서도 자연의 권리가 인정된다면 자연보호에 유리하게 형량이 이뤄질 수 있다. 이 역시 에콰도르의 새우 사건에서 확인할 수 있다. 에콰도르는 라틴아메리카에서 가장 큰 새우 생산국으로 새우 양식 사업자는 강력한 이익집단을 형성하고 있다. 에스메랄다스(Esmeraldas) 지역 내 새우 양식장의 확장은 해당 지역의 전통적 맹그로브숲의 상당 부분을 파괴했다. 1995년 에콰도르 정부는 일부 남은 맹그로브를 보호하고자 이곳을 생태보호지역(Cayapas Ecological Reserve)로 지정했다. 그러나 보호지역에서 이미 영업 중인 회사들의 양식장 42개는 계속 존치를 허용하면서 새우 양식 회사와 맹그로브숲에 생계를 의존하는 지역사회 간 갈등이 고조되었다.

2008년 정부는 새우 양식장을 규제하며 특히 2010년부터 2012년 사이 정부는 위 가야파스 지역을 비롯해 3곳의 생태보호지역에서 12개의 새우 양식 회사에 시설 퇴거를 명했다. 이에 2011년 한 양식업자가 행정명령의 효력 정지를 구하는 소를 제기했다. 그런데 법원은 정부의 행정처분은 헌법이 보장하는 재산권과 직업의 자유의 침해에 해당한다고 판시했다. 항소도 기각되자 정부는 하급심 법원의 판결은 헌법상 자연의 권리 조항에 위반한다며 헌법재판소에 상고했다. 2015년 5월 20일 헌법재판소는 자연의 권리와 부엔 비비르(좋은 삶)는 헌법의 중핵에 해당하므로 재산권을 비롯한 그 밖의 모든 다른 권리의 해석·적용에도 영향을 미친다고 했다. 특히 이 조항은 인간 존재가 모든 것의 중심이자 척도이고 자연은 단순히 자원의 공급자로 여기는 고전적인 인간 중심주의와 대비되는, 자연을 우선하는 생명 중심적 시각을 반영한다며 법원 판결을 파기, 환송하며 자연의 권리를 고려할 것을 주문했다.

최근 법원은 다수의 맹꽁이가 서식하고 있음에도 이를 (충분히) 고려하지 않은 채 해당 토지를 공공주택지구로 지정한 행정처분에 대해 이는 환경보전 측면에서 고려 대상에 마땅히 포함시켜야 할 사항을 누락한 경우이거나 이익형량을 했으나 현세대와 미래 세대를 포함한 환경보전의 공익을 주택 공급의 공익에 비하여 지나치게 과소평가함으로써 그 정당성과 객관성이 결여될 경우에 해당한다며 이익형량의 하자를 이유로 지구지정 처분을 취소한 바 있다.103) 맹꽁이의 서식지에 대한 권리는 자연의 권리를 인정하지 않는 현행 법체계에서는 '서식지의 보존 → 자연환경의 보전 → 공익 보호의 실현'의 논리 체계로 들어온다. 자연환경 보호라는 공익은 자연의 권리에 대한 수용도가 높아지는 것에 비례해 개발, 안정적 주거 보장, 재산이익 등과 최소한 동등한 수준으로 강화될 것이다.

---

103) 서울행정법원 2021. 2. 10. 선고 2019구합 74850 판결. 그러나 아쉽게도 항소심은 이익형량상 하자가 없다며 원고들의 청구를 기각했다(서울고법 2022. 5. 12. 선고 2021누 35829 판결). 원고들은 대법원에 상고했으나 곧 소를 취하함으로써 결국 원고들의 패소가 확정됐다.

제 3 장

자연물의 법인격:
생태법인

공동의 운명을 갖는 우리 각자는 서로 관련하며 의존하는 분리 불가능한 생명 공동체인 어머니 지구의 일부다. 서로 의존하는 생명 공동체 속에서 어머니 지구의 균형에 해를 가하지 않으면서 인류의 권리만 인정하는 것은 불가능하다. 인간의 권리를 보장하기 위해서라도 어머니 지구와 그 안에 있는 모든 존재의 권리를 인정하고 보호하는 것은 필수적이다.

— 「어머니 지구의 권리에 관한 세계 선언문」(2009)

특정 생태계에 법인격을 부여하거나 전체 자연 또는 특정 생물 종을 권리주체로 인정하는 법체계는 전 세계에 걸쳐 존재한다. 특히 국민 가운데 선주민의 인구 비중이 상대적으로 높고, 자연 의존적인 선주민 문화와 생활양식이 살아 있는 중남미는 자연은 단순히 자원의 집합체가 아니라 생명을 유지·부양하는 "살아 있는 실체 또는 시스템(living entity or system)"으로 여기는 세계관적 인식에 기반해 자연의 권리 인정에 매우 친화적이다.[1]

---

1) 중남미 국가가 자연의 권리론의 발전과 생태중심적 환경 (헌)법의 확산에 기여한 바에 대해서는 다음 문헌을 참고할 수 있다. 조희문, 「중남미에서의 자연권에 관한 이론

2008년 에콰도르가 헌법에서 자연의 권리를 명시적으로 선언한 이래 자연은 권리를 갖는 주체로, 또는 법인격이 인정되는 실체로 선언돼 왔다. 2022년에는 유럽 국가로는 최초로 스페인이 법률로써 석호가 법인격을 갖는다고 선언했다. 또한 2023년 파나마는 특정 생물종인 바다거북의 권리주체성을 인정했다.

인간 법체계에 자연의 권리를 수용하려면 자연 자체와 인간 아닌 다양한 형태의 생명 존재를 바라보는 우리의 인식을 전면적으로 전환해야 한다. 이러한 인식 전환은 근본적으로 문화의 문제인데 여기서 "법의 전환적 역할"[2]을 기대할 수 있다. 법이 '전체로서 자연' 또는 특정 생태계나 생물종 등 이른바 '자연물'을 권리를 갖는 주체로 인정하고 이를 선언한다는 것은 이제 전체 자연 또는 자연물을 단순한 자원이나 재산이 아닌 본래 가치와 고유 이익을 지닌 어떠한 실체로 여기고 그것에 합당한 지위 또는 권능을 부여하겠다는 의도를 표현하는 것이다. 이로써 전체 자연 또는 자연물에 대하여 우리의 개별적, 집합적 인식이 달라질 것이다.

자연의 본래 가치와 고유 이익을 존중하고 보호·보장하기 위한 방편으로, 전체 자연 또는 자연물에 법인격을 부여하자는 아이디

과 실제」, 《외법논집》 44(3), 2020; 조희문, 「인간중심적 환경헌법에서 생태중심적 환경헌법으로: 라틴아메리카 국가들의 기여」, 《중남미연구》 40(3), 2021.

2) "법은 사회적 가치를 단순히 수동적으로 반영하는 것만은 아니다. 법 자체는 도덕과 가치, 믿음 체계 그리고 옳고 그름의 감각에 심대한 영향을 끼친다. (……) 이러한 관점에서 법은 사회변화라는 과업의 중심이 된다. 법을 전환함으로써 사회를 전환할 수 있다." UN Harmony with Nature Report of the Secretary-General, AA/73/221, 2018, para. 64.

어가 제출되었는데, 이것이 이른바 생태법인(legal eco-person)이다. 이 장의 목적은 이러한 생태법인을 제도로 구현하는 방안을 탐구하여 그 구체적인 방법을 제안하고자 하는 것이다. 이를 위하여 아래에서 먼저 생태법인이라는 아이디어에 관하여 개괄적으로 설명하고, 이어서 생태법인의 적실한 제도화를 위한 착안점을 얻고자 전체로서 자연 또는 특정 자연물에 권리주체성을 인정하거나 법인격을 부여한 입법 사례를 조사·분석한 다음, 현행 법체계에서 자연인 이외의 어떤 실체에 법인격을 부여하는 제도적 방안인 법인 제도에 관하여 고찰한 뒤, 마지막으로 이 글의 목적인 전체 자연 또는 자연물에 법인격을 부여하는 제도로서 생태법인의 창설 방안을 정립, 제시하고자 한다.

생태법인 개관: 제도 배경과 법 이론

자연보호와 권리 기반 접근[3]: 생물다양성 보전의 측면에서[4]

정부 간 과학 정책 플랫폼 IPBES(Intergovernmental Science-Policy

---

3) 이에 관해서는 다음 문헌을 참고할 것. CBD, "Towards the Adoption of a Rights-Based Approach: Incorporating the Rights of Nature in to the Post-2020 Global Biodiversity Framework of the CBD", https://2d350104-a104-42f3-9376-3197e7089409.filesusr.com/ugd/23bc2d_71f3fe57211547a5b4f4c831034320ab.pdf.
4) CBD, "Supplementary Report: Rights of Nature in the Post-2020 Global Biodiversity Framework", August, 2021, p. 4.

Platform on Biodiversity and Ecosystem Services)의 「생물다양성과 생태계 서비스에 관한 글로벌 평가 보고서」(2019)는 '생물다양성 보전'의 측면에서 권리에 기반한 자연보호 및 보전 전략을 다루고 있다. 이 보고서는 현재 환경 규제에 대한 지배적인 이론적 근거는 자연 자체의 고유한 가치를 위해서가 아니라 자연이 우리에게 제공할 수 있는 것을 유지하기 위해, 즉 인류가 계속해(이를 '지속 가능하게'라고 표현하기도 한다) 자연을 물건, 장소 및 자원으로 즐기고 사용할 수 있도록 하기 위하여 자연을 보호한다는 것이다. 가령, 생물다양성협약은 '생물자원(Biological resources)'을 "인류를 위하여(for humanity) 실질적 또는 잠재적으로 사용되거나 가치가 있는 유전자원·생물체 또는 그 부분·개체군 또는 생태계의 그 밖의 생물적 구성 요소"로 정의하고 있다(생물다양성협약 제2조). 이처럼 자연의 고유한 가치를 인정하지 않고, 생명 실체인 유기체와 군집을 자원과 구성 요소로 정의함으로써 생명체와 생물다양성을 단지 인간이 더 많이 이용하고 누릴 수 있는 수단·도구로 전락했다. 이러한 정의의 바탕에는 인간은 자연보다 우월하고 별개의 존재라는 잘못된 관념이 자리하는데, 이것이 오늘날 보는 바와 같은 '제한 없는 성장' 패러다임을 낳았다고 본다. 주요 내용을 요약하면 다음과 같다.[5]

- 이미 100만에 이르는 종이 수십 년 내 멸종 위기에 직면할 것이고, 그 멸종 속도는 인류 역사상 그 어느 때보다 빠른 가속화 양

---

5) CBD, "Supplementary Report", p. 13.

상을 보인다. 이는 가령, 숲과 방목지 등 자연자원을 공기나 물, 대지와 같은 주변 환경에서 분리하는, 파편적이고 반응적이며 인간 중심주의적인 특성을 갖는 현행 규제적 접근 방식이 낳은 결과다.

• 무한 성장을 우선시하며 지배와 소유, 비의존 그리고 분리적 가치에 기반하는 인간 중심의 틀은 현재 서구의 사회와 경제, 그리고 법과 거버넌스 체계를 지배하고 있다. 이러한 지배가 기후변화와 생물다양성 손실과 같은 위기를 초래하고 있다. 이러한 인간 중심적 틀에서 자연은 파편화하고, 인간 유용성의 측면에서 자연을 자원 또는 재산으로만 평가한다.[6] 그럼으로써 비인간 존재를 '자연'으로 구분하고 전체 생물 네트워크의 상호작용과 상호의존성을 인간과 자연으로 분리한다.

• 현대 환경법은 환경보호와 경제성장 그리고 자연의 안녕에 의존하는 그 밖의 다른 사회적 목표 간 균형을 맞추는 방법을 결정할 수 있는 재량권을 당국에 부여함으로써 계속해서 환경을 남용하는 행위에 정당성을 부여하고 있다. 이는 전체 자연의 건강이 경제적 고려 또는 그 밖의 다른 사회적 고려에 우선해야 함을 의미하는 '경제는 지구의 하위 시스템인 인간 사회 내에서 하부 시스템'이라는 사실을 간과한 것이다. 이러한 파편화와 인간중심적 관점은 사전 예방적 접근 대신 사후 대응적 접근으로 이어졌다. 절멸에

---

6) 현재 환경 규제에 대한 지배적인 이론적 근거는 자연 자체의 고유한 가치를 위해서가 아니라 자연이 우리에게 제공할 수 있는 것을 유지하기 위해, 즉 인류가 계속해(이를 '지속 가능하게'라고 표현하기도 한다) 자연을 물건, 장소 및 자원으로 즐기고 사용할 수 있도록 하기 위하여 자연을 보호한다는 것이다.

서 종을 보호하기 위한 행동과 규정은 처음부터 개체군의 건강을 유지하고 그 감소를 방지하려는 것이 아니라 단지 멸종 위기에 처한 경우에만 효력이 있다. 가령, 멸종 위기에 처한 종의 등재 시스템은 효과가 없다. 종의 등재를 위해 필요한 과학적 연구를 수행하는 때에는 이미 너무 늦기 때문이다. 이러한 접근의 결과 환경법이 2050년까지 자연과 조화를 이루는 삶의 목표를 달성하는 데 필요한 생물다양성의 악화 속도를 (대체로) 늦추는 것일 뿐 결코 멈추거나 되돌릴 수 없다.

▪ 자연의 권리는 현재와 같은 패러다임과 세계관을 서로 연결되고 상호의존적 관계 및 상호책임으로 전환하기 위한 틀로서 환경 위기의 근본 원인을 효과적으로 해결할 수 있다. 자연의 권리는 간단히 말하면 자연을 고유한 권리를 갖는 법 실체로 승인한다는 것이다. 인간이 존재함으로써 고유하고 기본적인 권리를 갖는 것처럼 인간과 함께 진화한 생태계와 종 역시 마찬가지로 그러한 권리를 갖는다고 본다. 나아가 자연의 권리는 자연에 주체적 권리를 부여하는 것 이상을 의미한다. 곧 자연의 권리는 우리가 해결하려는 위기를 만들고 그것에 정당성을 부여하는 시스템을 새로운 방향으로 이끄는 기본 틀로서, 법 정책과 법 원칙, 관리 목표 및 대상 등에서 근본 변화를 이끌 잠재력을 갖는다.

▪ 자연의 권리는 인간의 존속이 자연의 존재와 안녕에 달려 있다는 사실을 수용함으로써 분명해지며, 전체 지구의 일부로서 우리의 존재에 대한 포괄적인 맥락을 제공한다. 권리 기반의 전체론적 접근에 기초해 전통적 규범과 법 원칙을 재해석하는 것은

국가가 생물다양성 보호를 높이는 데 기여할 것이다(가령, 여러 국가에서 사전주의 원칙(precautionary principle)을 '의심스러울 때는 자연의 이익으로'[7]라는 전 지구적 접근으로 발전시키고 있다).

- 자연의 권리는 법과 거버넌스 체계가 근본적으로 지구 중심의 원칙과 기준으로 재정립될 수 있도록 방향 전환을 꾀한다. 생물다양성협약(CBD)에서 자연의 권리의 인정이 무엇을 함의하는지는 특히 대표의 원칙과 관련하여 두 가지 의미를 지닌다. 첫째 의사결정과 후견제도에서 자연을 독립적인 이해당사자로 인정과 둘째 어느 개인 또는 공동체에 소송 당사자 지위 인정을 통해 자연을 대변·대표할 자격 또는 능력 부여다. 이러한 방식의 대표 원칙의 발전에 따르면 자연을 그 자체 권리를 보유한 이해당사자로서 우리의 법적·정치적·사회적·경제적 의사결정에 포함되도록 하며 그러한 권리는 우리의 모든 행위에서 존중되고 통합돼야 한다.

법에서 권리능력을 갖는 실체: 법인격체로서 인과 법인

법에서 권리의 주체가 될 수 있는 지위 또는 자격을 '권리능력'이라 한다. 「민법」은 권리와 의무의 주체로 인(제2장)과 법인(제3장)을 인정한다. 자연인은 생존하는 동안,[8] 법인은 정관의 목적 범

---

7) 이 원칙이 국제법상 일반 원칙으로 인정될 수 있다는 주장과 관련해서 다음 문헌을 참고할 것. Serena Baldin and Sara De Vido, "The in Dubio Pro Natura Principle: An Attempt of a Comprehensive Legal Reconstruction", *Revista General de Derecho Público Comparado* 32/2022, pp. 168-199.
8) 민법 제3조(권리능력의 존속기간) 사람은 생존한 동안 권리와 의무의 주체가 된다.

위에서[9] 권리능력을 가진다. 이러한 권리능력을 갖는 실체는 법률상의 인격, 곧 법인격을 갖는다고 말한다.[10] 이처럼 법은 '인간이 아닌 어떤 실체'(비인간 실체)에도 권리능력, 곧 법인격을 인정하는데 이때 그 실체를 법상 인격체라는 의미에서 법인(法人, legal person)이라 한다(곧 법인은 법인격을 갖는 비인간 실체를 총칭한다). 「민법」은 법인으로 '사람의 조직체(=사단)' 또는 '재산의 집합체(=재단)'를 상정하고 있다. 「민법」이 법인을 인정하는 목적은 다음과 같다. 첫째, 구성원과 별개로 단체 자신에 법인격이 인정되기 때문에 권리·의무를 법인의 것으로 귀속시킴으로써 법률관계를 단순화할 수 있다. 둘째, 단체 자체에 독립된 법인격이 인정됨으로써 단체에 귀속하는 재산과 구성원 개인에 귀속하는 재산을 구별할 수 있다.[11] 한편 「민법」이 상정하는 사람의 조직체나 재산의 집합체 이외의 어떤 실체에도 법률에 의하여 법인격을 부여할 수 있다.[12] 가령 국가 정책상 필요나 공공의 이익을 달성하기 위해 「민법」 또는 「상법」 외의 특별법에 따라 설립되는 각종 법인('특수법인'이라 한다)을 들 수 있다.

　　오늘날 법인격은 어떻게 이해하는 것이 적합할까? 송호용은

---

9) 민법 제34조(법인의 권리능력) 법인은 법률의 규정에 좇아 정관으로 정한 목적의 범위 내에서 권리와 의무의 주체가 된다. 이러한 법인은 법률의 규정에 의함이 아니면 성립하지 못한다(「민법」 제31조).
10) 김용덕 편, 『주석 민법: 총칙 1』, 한국사법행정학회, 2019, 제3조.
11) 같은 책, 제3장 법인 총설.
12) 같은 곳.

「동물은 법인격을 가질 수 있는가?」라는 논문에서 동물이나 인공지능 로봇에 법인의 지위를 인정하기 어려운 이유를 다음과 같이 말하고 있다.

> 법인은 정관에 의해 운영되는 조직체이다. 여기서 정관이란 사람들의 집단적인 의사(사단법인의 경우) 또는 설립자의 의사(재단법인의 경우)에 의해 운영원리가 정해지는 것이어서 법인을 자연인의 인적 기질(基質)이 완전히 절연된 별개의 인격체로 이해하는 것은 잘못이다. 인공지능 로봇에 대해서 법인의 지위를 인정하기 어려운 이유도 자연인의 인적 기질이 관류되지 않기 때문이며 또한 같은 이유에서 동물에 대해서도 법인의 지위를 인정하기 어렵다. 만약 자연인의 인적 기질과 완전히 절연된 새로운 유체물에 대해 법인격을 인정한다고 하면 이는 현재 통용되는 법인 개념과는 다른 새로운 형태의 인(예컨대 로봇인, 동물인)으로 분류해야 할 것이다.[13]

법에서 이른바 'person'을 어떻게 이해할지는 법학자들 사이에서 견해가 갈린다. '형이상학적 실체'로 접근하려는 입장(이때 형이상학적 요소를 어떻게 이해하느냐에 따라 'person'은 독특한 인간 본성, 또는 영혼의 보유 또는 이성적 추론 능력에 의해 다양하게 정의된다)과 형식적인 '법적 장치'로 보려는 입장이 그것이다(이와 관련하여 이상용은 이 문제를 '속성 기반 접근법'과 '관계 기반 접근법'이라는 두 가지 방식으로 접근할 수 있다고 하

---

13) 송호영, 「동물은 법인격을 가질 수 있는가?」, 《법학논총》 39(1), 2022, 211-212쪽.

는데, 속성 기반 접근법은 'person'을 형이상학적 실체로 보려는 입장과 같고, 관계 기반 접근법[14]은 형식적인 '법적 장치'설과 일맥상통한다).

송호영이 말하는 자연인의 인적 기질이란 무엇을 뜻하는지 정확히 알 수 없지만, 짐작건대 인간 또는 사람의 독특한 본성, 능력 등을 가리킨다고 생각된다. 그런 점에서 송호영의 견해는 'person'의 이해에서 전자의 입장에 속한다. 나는 후자의 입장에 선 리처드 터의 다음과 같은 진술, 법인격이 권리·의무를 갖는 법적 능력이라고 한다면, 그것 자체는 법의 인위적인 창설로, 그 어떤 것도 또 누구라도 법에서 'person'이 될 수 있고, 이러한 의미에서 법인격 개념은 전적으로 형식적인 것[15]이라는 데 찬동한다. 법인격 개념을 이처럼 파악한다면 그 개념의 고도의 형식성 덕분에 어떤 것도 'person'으로 '표상'할 수 있다. 이는 동물과 자연물, 인공지능 등 비인간 실체의 법인격 문제를 다루는 데 유용할 뿐 아니라 이러한 식의 법인격 이해는 앞으로 점점 불가결해질 것이다. 이에 나는 법인을 "법인격을 갖는 비인간 실체"[16]를 가리키는

---

14) 관계 기반 접근법은 무언가에게 법적 주체성이 인정될 것인지 여부를 그것이 지닌 속성보다는 다른 주체와의 관계에 의하여 판단하려고 한다. 역사를 돌아보면 인간임에도 불구하고 법인격이 인정되지 않은 경우도 있었고 반대로 인간이 아님에도 불구하고 법인격이 인정된 경우도 있었다. 오늘날 법제도에서 중추적 기능을 하는 법인 역시 그러한 예라고 할 수 있다(이상용, 「인공지능과 법인격」, 《민사법학》 89, 2019, 3-49쪽).

15) Richard Tur, "The 'Person' in Law", in Arthur R. Peacocke and Grant R. Gillett(eds.), *Persons and Personality: A contemporary Inquiry*, Blackwell Pub, 1987, pp. 121-122.

16) 같은 취지의 정의로는 법적 또는 '법률적(juridical)' 사람은 일반적으로 인간은 아니지만 사회가 특정한 권리와 의무를 주기로 결정한 어떤 실체를 일컫는다(Dinah

개념으로 사용하고자 한다. 이러한 이해에 따르면 자연인, 즉 인간의 법인격과 비인간 실체의 법인격 간에는 기본적으로 아무 차이도 없게 된다.[17] 송호영이 말하는 현재 통용되는 법인 개념은 그 설명에서 알 수 있는 바와 같이 기본적으로 사단과 재단 개념으로 형성된 법인 개념으로, 오늘날 법인격을 다시 논하는 시대 현실의 맥락과 배경에서 더 이상 유효하지 않은 사고 체계 또는 접근법이라고 본다.[18]

생태법인

위에서 법인을 '법인격(=권리능력)을 갖는 비인간 실체'라고 정의했다. 이 정의에 따르면 가령 특정 동물(종)에 법인격을 부여한다면 그 범위에서 해당 동물도 법인, 곧 법인격체가 되는 것이다.[19] 이 사고를 연장하면 특정 종이나 생태계 등 이른바 자연물에 특정 목적을 위하여 법인격을 부여한다면 그 범위에서 해당 자

Shelton, "Nature as a legal person", *VertigO* 22, Hors-série 22, 2015, at 52, https://doi.org/10.4000/vertigo.16188).

17) "의제 이론에 바탕한 켈젠은 회사의 법인격과 자연인의 법인격 간 어떠한 차이도 부정하고, 법적 의미에서 인격성은 단지 규범과 권리 그리고 의무의 복합체를 기술적으로 person으로 취급하는 것(personification)에 불과하다고 한다"(Elvia Arcelia Quintana Adriano, "Natural Persons, Juridical Persons and Legal Personhood", *Mexican Law Review* 8. 2015, p. 106).

18) 김태오는 인공지능 로봇이 인격일 수 없지만, 그럼에도 법인격은 가질 수 있다고 하는 데 그것은 법에서의 인격이란 단지 "권리·의무 주체의 자격"을 말하는 것이기 때문이라고 한다(김태오, 「인공지능 로봇에 대한 인간의 인격개념 사용 문제: 신학적 인간학의 인격개념 이해를 중심으로」,《가톨릭신학》31, 2017, 98쪽, 118-122쪽).

19) 인공지능의 법인격 논의는 이상용, 「인공지능과 법인격」,《민사법학》89, 2019 참고.

연물은 법인격체 곧 법인이 된다. 이 경우 법인은 생태연관성을 갖는다는 뜻에서 생태법인[20]이라 부를 수 있다.

생태법인은 재산 관계의 구분 처리나 법률관계의 간명한 처리 등 실용적인 의도로 구상된 법 제도가 아니다. 살아 있는 자연물의 실체성을 인정하며, 그 실체로서 지닌 본래 가치와 고유 이익을 보호하고자 법적 지위를 부여함으로써 창출된 새 유형의 법인(제도)다. 따라서 생태법인은 법인의 한 유형이지만 민법상 법인과는 상이한 법 목적 및 법철학적 원리에 기반한다. 크리스토퍼 스톤은 자연물의 원고적격을 인정할 수 있음을 정치하게 논증한 글에서, 자연물은 "단지 우리 인간의 편익을 위한 수단으로 역할하는 것은 아니고, 그 자체 자격으로 법적으로 인정되는 가치와 존엄을 가질 수 있기"[21] 때문에 환경에 법인격과 권리를 부여할 수 있다고 했다. 자연물은 자신의 고유한 이익에 근거해 법인격을 갖는다. 이와 달리 회사와 같은 법인은 다른 법 실체, 즉 인간의 이익에 근거해 법인격을 갖는다.[22]

---

20) 생태법인이란 용어는 진희종이 주조한 개념이다. 진희종은 생태법인을 "미래 세대는 물론 인간 이외의 존재들 가운데 생태적 가치가 중요한 대상에 대하여 법적 권리를 갖게 하는 제도"로 정의했다. 진희종은 생태법인은 생태민주주의(생태민주주의는 인간과 자연의 공존이라는 생태철학의 핵심 가치에 민주주의 체제의 우월성을 융합한 대안 정치 이념이라고 한다)의 실현 방안의 하나로, 공동체 의사결정 과정에 미래 세대와 비인간 존재들의 생태적 이해관계를 고려하기 위하여 비인간 존재에게 법적 권리를 인정하는 제도인 '법인' 제도를 원용했다고 설명한다(진희종, 「생태민주주의를 위한 '생태법인' 제도의 필요성」,《대동철학》 90, 2020, 111-127쪽).

21) Christopher Stone, "Should Trees Have Standing?: Toward Legal Rights for Natural Objects", *Southern California Law Review* 45, 1972, p. 450.

22) Shelton, "Nature as a legal person", at 22.

자연(물)에 법인격 또는 권리주체성을 부여하는 해외 입법례

일반적으로 자연의 권리를 인정하는 법체계는 권리 인정 또는 법인격 부여의 대상을 기준으로 두 가지 유형으로 분류할 수 있다. 첫 번째 유형은 전체로서 자연에 권리를 인정하는 법체계(이를 '에콰도르 모델'이라 한다)다. 두 번째 유형은 특정 생태계 또는 생물 종에 권리 또는 법인격을 부여하는 법체계(이를 '뉴질랜드 모델'이라 한다).[23] 파나마는 독특하게 두 유형의 법률을 다 갖고 있다.

〈표 1〉 권리주체 또는 법인격 대상

유형		대상
전체 자연	권리 주체	▪ 자연 또는 파차마마(에콰도르, 2008): 생명이 존재하고 재생되는 곳 ▪ 어머니 지구(볼리비아, 2010): 모든 살아 있는 시스템과 유기체의 불가분적 공동체로 구성된 살아 있는 역동적 시스템 ▪ 자연(파나마, 2022): 상호관련된 요소, 생물다양성 및 생태계로 구성된 집합적이고, 불가분적인 자기규율적 실체

---

23) 미국과 캐나다의 인디언 원주민 부족인 오지브워족(White Earth Band of Ojibwe) 부족민은 야생 벼(핵심종)의 권리를 인정받았다. 인도의 몇몇 주 법원은 동물을 법인으로 보호한다. 인신보호청구(habeas corpus petitions)를 통해 감금 상태 중인 동물의 권리를 인정하려는 비슷한 노력은 몇몇 동물의 경우를 비인간 인격체(non-human persons)로 인정되는 결과를 가져왔다.

자연물	생태계	법인격	▪ 산림(뉴질랜드, 2012) ▪ 강(뉴질랜드, 2017) ▪ 석호(스페인, 2022)
	생물종	권리 주체	▪ 바다거북(파나마, 2023)

전체 자연에 권리주체성을 인정하는 입법례

에콰도르(2008): 2008년 에콰도르는 근대 국민국가의 헌법으로 최초로 파차마마(Pachamama) 또는 어머니 지구로 지칭된 자연을 권리주체로 포용하는 내용의 새 헌법을 채택했다. 에콰도르 헌법은 국가와 시민에게 "자연과 조화하면서 자연의 권리를 인정하는 방식"으로 안녕(well-being)을 추구할 것을 명하고 있다. 헌법 전문(前文)에서 "자연의 다양성과 자연과의 조화 속에서 시민들을 위한 새로운 양식의 공존 질서"를 정립함으로써 부엔 비비르, 곧 좋은 삶의 방식을 성취하고자 하는 에콰도르 국민의 의도를 뚜렷하게 드러내고 있다. 자연의 권리는 헌법 제7장에서 규정하고 있다. 에콰도르 헌법에 따르면 자연은 크게 두 가지의 권리를 갖는다. 하나는 "존재 자체와 생명의 순환과 구조, 기능 및 진화 과정을 유지하고 재생을 존중받을 권리"이고, 나머지 하나는 "원상회복될 권리"이다.

▪ 제71조: 생명이 재창조되고 존재하는 곳인 자연 또는 파차마마는 존재하고, 생명의 순환과 구조, 기능 및 진화 과정을 유지하고 재생을 존중받을 불가결한 권리를 가진다. 모든 개인과 공동체, 인민과 민족은 당국에 청원을 통해 자연의 권리를 집행할 수 있다.

▪ 제72조: 자연환경이 침해된 경우 그 침해된 자연에 의지해 살아가는 개인과 공동체에 대한 보상 의무와 별도로 자연 자체도 원상회복될 권리를 갖는다.

▪ 제73조: 국가는 종의 절멸이나 생태계 훼손 또는 자연 순환의 영구적 변경을 초래할 수 있는 활동을 미리 방지할 수 있는 제한 조치를 취해야 한다.

▪ 제74조: 개인과 공동체, 인민과 민족은 환경이 주는 혜택과 좋은 삶의 방식의 향유를 가능케 하는 자연의 부에 대한 권리를 가져야 한다.

볼리비아(2010): 2010년 볼리비아는 전 세계 최초로 자연에 권리를 부여하는 법률인 「어머니 지구의 권리에 관한 법률(the Law of the Rights of Mother Earth)」을 제정했다. 이 법률은 자연이 아니라 어머니 지구라는 표현을 채택하고 있다. 이 법률은 어머니 지구를 "모든 살아 있는 시스템과 유기체의 불가분적 공동체로 살아 있는 역동적 시스템"으로 정의하고(제3조)[24], 그 법적 지위를 다음과

---

24) 원문은 다음과 같다. "Mother Earth is regarded by the law as **a dynamic living system** comprising an indivisible community of all living systems and organisms,

같이 설정한다(제5조).

어머니 지구는 집합적 공익(collective public interest)의 특성을 갖는다. 어머니 지구와 인간 공동체를 포함한 어머니 지구의 모든 구성 요소는 이 법에서 인정하는 내재적 권리를 갖는다. 어머니 지구의 권리 행사에서 다양한 구성 요소의 개별 구체성과 특정성을 고려한다.

이 법률은 어머니 지구의 권리를 일곱 가지로 특정한다.

1. 생명에 대한 권리: 살아 있는 시스템과 이를 지탱하는 자연 과정의 통합성 및 재생능력과 조건을 유지할 권리.
2. 생명의 다양성에 대한 권리: 인위적 방식으로 유전적 또는 구조적 변경 없이 그들의 존재와 기능 내지 미래 잠재력이 위협받지 않고 어머니 지구를 구성하는 다양화(differentiation)와 다양한 존재의 보전에 대한 권리.
3. 물에 대한 권리: 어머니 지구와 모든 구성 요소의 생명 재생을 위하여 물 순환의 기능성과 살아 있는 시스템의 지탱에 필요한 양과 질이 보전되고 또 오염되지 않을 권리
4. 깨끗한 공기에 대한 권리: 어머니 지구와 모든 구성 요소의

---

which are interrelated, interdependent, and complementary, and which share a common destiny."

생명 재생을 위하여 살아 있는 시스템의 지탱을 위한 공기의 질과 구성이 보전되고 또 오염되지 않을 권리

　5. 평형을 유지할 권리: 핵심적인 자연의 순환 과정과 상호작용의 지속적인 재생을 위해 균형 잡힌 방식으로 어머니 지구를 이루는 요소의 상호관계성, 의존성, 보완성 및 기능성을 유지 또는 복원할 권리

　6. 복원의 권리: 인간 활동으로 직간접적 영향을 받은 살아 있는 시스템이 제때 효과적으로 복원될 권리

　7. 오염되지 않을 권리: 어머니 지구의 구성 요소가 유독성/방사능 폐기물과 오염으로부터 보전될 권리

　파나마(2022)[25]: 파나마는 2022년 「자연의 권리 법」을 공포했다. 이로써 파나마는 전체론적 세계관을 포용한 것이다. 이 세계관은 자연이 그 자체 내재적 가치를 가짐을 인정하며, 인간과 자연적 실체(natural entity)는 상호의존적이고 연결된 존재로 본다. 파나마는 자연의 권리 인정을 통해 자연과의 관계에 관한 집단적 의식에서 전환을 촉진하고, 법체계와 거버넌스 그리고 경제 체계에 깔린 윤리, 가치 및 믿음을 전환하려 한다.

　이 법은 자연을 "자기 규율의 집합적 실체(a collective, indivisible

---

25) CDER, "Press Release—Eng/Span: Panama Enacts Law that Recognizes Rights of Nature"; Katie Surma, "Panama Enacts a Rights of Nature Law, Guaranteeing the Natural World's 'Right to Exist, Persist and Regenerate'".

and self-regulated entity)"로 보고 자연의 내재적 가치에 기반하여(제 3조), 자연을 존재하고 지속하며 재생할 권리를 가진 주체로 선언 한다(제1조). 이 법률에서 인정하는 자연의 권리는 "존재하고 지속 하며 생명 순환을 재생할 권리", "생물다양성 보전에 대한 권리" "인간 활동으로 직·간접적으로 영향을 받은 경우 복원될 권리"(제 10조)이다.[26]

제1조 이 법은 자연을 권리주체로 인정하고, 국가와 모든 사람 에게 자연의 권리를 존중하고 보호할 것을 보장할 의무를 인정함 을 목적으로 한다.
▪ 국가는 법체계와 공공정책 및 프로그램을 통해 자연의 환경적 혜택의 지속 가능한 이용과 환경훼손 요인의 예방 및 통제, 환경 피해에 대한 제재 부과 및 복원을 보장해야 한다.
▪ 국가는 환경 문제에서 시민과 기업의 정보접근권 및 사법접근 권과 함께 참여 및 책임을 증진해야 한다.
제3조 국가는 자연을 본래 가치와 현세대 및 미래 세대의 향유 를 위하여 현 모습대로 존중해야 한다. 이 법에서 자연은 상호관련 된 요소, 생물다양성 및 생태계로 구성된 자기 규율적인 불가분의

---

26) 참고로 2019년 리사 혼티베로스(Risa Hontiveros) 필리핀 상원의원은 「자연의 권리 법(Rights of Nature Act of 2019)」을 발의했다. 이 법은 자연 생태계의 권리를 인정 하고 필리핀 주민 누구나 자연의 권리를 집행하는 소를 제기할 수 있도록 한다(Erin Ryan, Holly Curry and Hayes Rule, "Environmental Rights for the 21st Century: A Comprehensive Analysis of the Public Trust Doctrine and Rights of Nature Movement", Cardozo Law Review 42(6), 2021, p. 2512.

집합적 실체다.

제10조 국가는 최소한 다음과 같은 자연의 권리를 인정한다. 이는 자연을 구성하는 살아 있는 모든 존재, 요소 및 생태계에 확장된다.

1. 존재할 권리 및 자신의 핵심 순환을 지속하고 재생할 권리

2. 자신을 구성하는 생명 존재와 요소 및 생태계의 다양성에 대한 권리

3. 물 순환의 기능성을 보존하고 생명 시스템을 유지, 부양하는데 필요한 양과 질의 상태를 보전할 권리

4. 생명 시스템을 유지하고 오염으로부터 보호할 수 있는 대기의 질과 구성을 보존할 권리

5. 인간 활동으로 직간접적으로 영향을 받은 생명 시스템을 제때 효과적으로 복원할 권리

6. 인간 활동으로 발생하는 유독성 및 방사성 폐기물(그 구성 요소 포함)에 의하여 오염되지 않을 권리

자연물에 법인격 또는 권리를 인정하는 입법례

뉴질랜드 산림(2014): 테 우레웨라는 다듬어지지 않은 아름다움, 외딴 원시림, 푸른 호수 덕분에 1954년 국립공원으로 지정됐다. 그러다 2014년 「테 우레웨라법」이 제정되었다. 이 법에 따라 테 우레웨라 지역은 이제 뉴질랜드 영연방 국가의 토지도 아니고 국

립공원도 아니다. 법인(legal person)으로서 테 우레웨라의 영구 보유지(freehold land)가 됐다.

테 우레웨라법 4절은 이 법의 목적을 다음과 같이 정한다.

이 법은 테 우레웨라의 법 정체성과 그 보호 지위를 영구적으로 확립하고, 보전하는 것이다. 테 우레웨라의 본래 가치와 독특한 자연적·문화적 가치, 그러한 가치의 온전성, 국가적 중요성과 함께 특히

(a) 투호(Tūhoe)족과 테 우레웨라 간의 유대를 유지·강화하고,

(b) 테 우레웨라의 자연적 특성과 아름다움, 토착 생태계와 생물다양성의 온전성, 그리고 역사적·문화적 유산을 가능한 한 보전하고,

(c) 공공의 이용과 향유, 오락과 학습 및 영적 성찰을 위한 장소 그리고 모두를 위한 영감의 공간으로 제공되어야 한다.[27]

이 법률에 따라 테 우레웨라는 '법인'으로서 모든 권리와 권한, 의무 및 책임을 갖는다(제11조(1)). 테 우레웨라는 이 법 제16조에 따라 설치되는 위원회(Te Urewera Board)가 관리한다. 위원회는 관습적 가치와 법을 반영하고, 의사결정 시 테 우레웨라와 함께 형성된 마오리의 문화와 전통을 고려해야 한다. 위원회는 의사결정 방식은 만장일치(제33조), 총의(제34조), 조정인의 조정(제35조), 그리고 투표(제36조)다. 다만 만장일치 또는 총의로 의사결정을 하도록 노

---

27) Te Urewera Act 2014, 4. Purpose of this Act, https://www.legislation.govt.nz/act/
public/2014/0051/latest/whole.html#DLM6183610.

력해야 한다(제20조).

뉴질랜드 강: 뉴질랜드에서 셋째로 긴 황거누이 강은 마오리족이 신성시하는 수로로 북섬 중부 지역에서 바다까지 29킬로미터를 흐르고 있다. 뉴질랜드 북섬의 산들로 둘러싸인 중심부에서 솟아오른 이 강은 4세기 동안 마오리족에게 영적으로 매우 중요한, 무역과 교통의 요지였다. 이 강의 인정과 보호를 보장받으려는 마오리족의 노력은 1870년대로 거슬러 간다. 당시 유럽인들의 정주와 채광, 농업, 산림 등의 행위는 강의 건강에 영향을 미쳤다. 황거누이 강 주변의 마오리족 공동체는 1873년 이래 이 강과의 특별한 관계를 인정받고자 정부를 상대로 싸워왔다. 황거누이 강은 불가분의 살아 있는 유기체로 북섬 중앙의 산에서부터 바다에 이르기까지 모든 물질적·정신적 요소들을 포용하고 있다고 마오리족 공동체는 믿고 있다.

뉴질랜드 의회는 2017년 3월 15일 뉴질랜드 북섬에 있는 황거누이 강에 법인격을 부여하는 내용의 「테 아와 투푸아 법(Te Awa Tupua(Whanganui River Claims Settlement) Act)」을 통과시켰다. 이로써 뉴질랜드 원주민인 마오리족은 약 150년의 긴 싸움 끝에 자신들이 신성하게 여기는 강이 법인격의 지위를 인정받음으로써 강을 둘러싼 고유한 전통을 유지할 수 있게 됐다. 이 법에 따라 황거누이 강은 권리와 의무, 책임 등 인간이 가진 것과 같은 법 지위를 갖게 되며, 마오리족 공동체가 임명한 대표자 1명과 정부가 임명한 대리인 1명으로 구성된 보호자(즉 테 포우 투푸아(Te Pou Tupua))가 강의 건강과 안녕의 이익을 대변하게 된다.

이 법률에서 테 아와 투푸아의 본래 가치와 법적 지위를 다음과 같이 규정하고 있다. 테 아와 투푸아는 산에서 발원하여 바다에 이르는 황거누이 강을 구성하며, 그것의 모든 물리적, 초물리적 요소를 포함하는 불가분적이고 살아 있는 전체다(제12조). 테 아와 투푸아의 본래 가치는 다음의 가치를 표상한다(제13조).

- 강은 영적-물리적 자립 지속성의 원천이다(Ko Te Kawa Tuatahi): 테 아와 투푸아는 영적이고 물리적인 실체로서 황거누이 강 내 생명과 이위, 하푸 및 그 밖의 강 유역의 공동체를 지탱한다.
- 위대한 강은 산에서 발원하여 바다에 이른다(Ko Te Kawa Tuarua): 불가분성에 주목하여 강을 다른 구성 요소 또는 행정 조직 경계를 통해서가 아니라 그 전체로서 존중한다.
- 내가 강이고 강이 곧 나다(Ko Te Kawa Tuatoru): 황거누이 이위 부족은 테 아와 투푸아 및 테 아와 투푸아의 건강과 안녕과 밀접 불가분하게 연결되어 있고 거기에 대해 책임 짐을 인정한다.
- 작고 큰 지류들은 서로에 흘러들어 하나의 강을 이룬다(Ko Te Kawa Tuawhā).[28]

---

28) Te Awa Tupua (Whanganui River Claims Settlement) Act 2017, 13 Tupua te Kawa,https://www.legislation.govt.nz/act/public/2017/0007/latest/whole.html#DLM6831458.

스페인 석호(2022): 스페인 석호법(16019 Law 19/2022, of September 30, for the recognition of legal personality to the Mar Menor lagoon and its basin)은 스페인 지중해에서 가장 큰 연안 석호(135제곱미터) 마르 메노르(Mar Menor)와 그 유역 생태계의 법인격을 선언하고 있다. 법 전문에서는 마르 메노르와 강 주변 지자체 주민들이 겪고 있는 심각한 사회환경적·생태적·인도주의적 위기와 지난 25년 동안의 영향력 있는 수치와 수단에 따른 규제에도 불구하고 현재의 불충분한 법적 시스템이 법 제정의 이유임을 밝히고 있다. 이 법의 목적은 마르 메노르 석호의 생태계에 고유한 생태적 가치와 세대 간 연대를 기반으로 자신의 권리를 갖는 법적 주체로서 법인격을 부여하여 미래 세대 보호를 보장하기 위함이다. 동시에 생태 파괴로 위협을 받는 석호 지역 인근 사람들의 권리, 즉 생물문화적 권리(biocultural rights)29)를 강화·확장하기 위한 것임을 명시하고 있다. 마르 메노르와 그 유역을 법인(legal person)으로 인정한다는 것은 그 자체로 보호할 가치가 있는 생태계로 이해되어 석호가 보호, 복구 및 개발의 객체를 넘어 불가분성의 생물학적·환경적·문화적·영적 주체가 된다는 의미다.

---

29) 이는 주로 토착 선주민의 자연적/문화적 자원에 대한 일정한 권리가 결합된 형태로서 권리다. 오늘날 선주민들의 자원접근, 이용 및 보호를 전체론적으로, 보다 효과적으로 보장할 목적으로 특히 라틴아메리카 국가의 법원에서 이러한 권리가 인정되고 있다. Cher Weixia Chen and Michael Gilmore, "Biocultural Rights: A New Paradigm for Protecting Natural and Cultural Resources of Indigenous Communities", *International Indigenous Policy Journal* 6(3), 2015 참고.

법은 마르 메노르와 그 유역은 법인격이 부여되고 공식적인 법적 주체로 인정된다고 선언한다(제1조). 마르 메노르와 그 유역 역시 중앙정부 등에 생태계의 보호, 보전 및 유지를 요구할 권리를 갖는 법적 실체로, 생태계로서 존재하고 자연적으로 진화할 권리를 갖는 것은 마르 메노르 및 그 유역은 물론 그들을 형성하는 물, 유기체, 군집, 토양, 육상·수상 하부시스템의 모든 자연적 특성을 포함한다(제2조 제1항). 권리주체로서 마르 메노르가 갖는 구체적인 권리는 다음과 같다(제2조 제2항).

a) 존재할 권리 및 자연적으로 진화할 권리
b) 보호에 관한 권리: 생태계에 위험 또는 해를 입히는 활동을 제한, 중지하거나 승인하지 않을 것을 함축하는 권리
c) 보전에 관한 권리: 육상 및 해양 종과 그들의 서식지 보호와 해당 자연 보호 구역의 관리를 위한 조치를 요구할 권리
d) 복원에 관한 권리: 발생한 피해에 대해 석호 및 유역의 자연력과 복원성을 회복하는 구체적 조치뿐 아니라 관련 생태계 서비스를 복원하는 개선 조치도 포함하여 요구할 권리[30]

파나마 바다거북(2023): 파나마는 2023년 「바다거북과 그 서식지의 보전·보호에 관한 법률」을 제정했다. 이 법은 파나마 국토에

---

30) 16019 Ley 19/2022, de 30 de septiembre, para el reconocimiento de personalidad jurídica a la laguna del Mar Menor y su cuenca, Artículo 2, párrafo 2.

존재하는 모든 종의 바다거북을 보호·보전함과 동시에 바다거북의 서식지를 복원하고 오염과 훼손을 방지하고자 한다. 아울러 바다거북의 회복력과 생존을 보장하는 데 필요한 조치와 대책을 수립함을 목적으로 한다(제1조).

법은 바다거북 종과 그 서식지의 보전은 공공의 이익으로 모든 주민의 건강한 환경권을 보장하는 데 필수적이라고 보고, 바다거북 종과 그 서식지의 보전을 위하여 특별한 보존, 관리, 보호조치가 필요하다고 한다. 바다거북 종의 완전한 보호와 보전을 위해서는 지역사회와 토착민 및 고등 교육 및 과학 연구기관, 비정부 사회단체의 노력의 통합과 더불어 공공행정 당국 및 관련 지자체 사이의 조율·조정이 필요하다고 한다(제2조). 환경부는 보호구역, 특별관리구역 및 유보구역을 설정하고 바다거북과 부화 및 서식지 보호에 필요한 보전 및 회복 조치를 마련해야 한다. 이 경우 토착민의 세계관 및 전통에 따라 수립된 보전 및 보호조치가 고려된다(제6조). 바다거북의 보호, 보전 및 지속 가능한 관리를 위한 국가위원회를 둔다(제11조). 국가는 또한 건강한 환경에서 생존 및 생활하며 기후변화, 오염, 혼획, 연안 개발, 통제되지 않는 관광 등과 같이 신체와 건강 피해를 유발하는 오염 또는 악영향과 인위적 영향 없이 생활하도록 바다거북의 권리와 그 서식지를 자연인과 법인이 보호하도록 보장해야 한다(제29조).

파나마 국토 전체에서 바다거북의 포획, 괴롭힘 또는 학대, 감금, 고의적 어획, 가공 또는 의도적 죽임은 금지된다. 또한 바다거북의 알, 부화, (신체) 일부분, 제품, 부산물과 파생물의 국내/국제

거래는 예외 없이 금지된다. 비추출적 이용은 바다거북에 의존하는 공동체의 경제적 부양의 필요를 충족하는 데 기여하는 경우에만 허용될 수 있다(다만 그러한 이용이 해당 법과 바다거북의 보호 및 보전에 관한 미주협약, 그 밖의 파나마가 발효한 국내적·국제적 법적 문서의 목적을 달성하려는 노력을 저해하지 않아야 한다)(제31조).

제주 남방큰돌고래: 고래는 해양 생태계의 최고 정점에 있는 포식자로 생태계의 균형을 유지하는 데 매우 중요한 종이다. 고래는 대규모의 이산화탄소를 포집하고, 산소 생산자인 식물성 플랑크톤의 성장에 기여하는 생명체로 지구온난화를 저지하거나 낮추는 데도 매우 중요한 동물이다.[31] 그런데 오늘날 제주 남방큰돌고래는 해양 오염과 난개발, 해양 관광 산업의 난립으로 심각한 생존 위협에 처해 있다. 제주 남방큰돌고래는 세계자연보전연맹(IUCN)의 적색 목록상 준위협종(Near Threatened, NT)으로 분류돼 있는데 이는 적절한 보호조치가 중단될 경우 멸종 위기에 처할 수 있다는 위험성을 경고하는 것이다.[32] 종의 생존을 위협받고 있는 제주 남방큰돌고래의 보호를 위한 전략으로 법인격을 부여하자는 제안(생태법인 제도)이 있다.[33] 이 주장에 따르면 제주 남방큰돌고래

---

31) 장수진, 「제주 남방큰돌고래 생태 특성과 환경」, 제주 남방큰돌고래 보호를 위한 '생태법인' 입법정책토론회 발표자료, 2022.

32) 같은 글.

33) 진희종, 앞의 글, 111-127쪽. "생태법인 제도는 제주 남방큰돌고래 뿐만 아니라 국내·외 생태적 가치가 큰 대상이나 동식물에 확대 적용하는 것이 필요하다"며 "생태

가 법인격을 갖게 된다면 돌고래의 온전한 삶을 지탱하는 데 필요한 권리를 행사할 수 있다고 한다.

제주 남방큰돌고래는 해양보호생물종[34]으로 지정돼(「해양 생태계의 보전 및 관리에 관한 법률 시행규칙」 제4조) 보호를 받고 있다.[35] 그러나 보호생물종 지정에 따른 보호는 해양수산부 장관의 허가를 받은 특별한 경우를 제외하고는 포획 등의 행위를 금지하는 '행위 제한' 중심이다.[36]

법인 대상이 많아질수록 자연을 바라보는 인간의 인식과 태도가 생태지향적으로 전환된다"고 강조했다(양영전, 「"돌고래에 법인격 부여하자"… 생태법인 제도 도입 논의」, 《뉴시스》, 2022년 9월 15일 자).

34) 해양보호생물종은 「해양 생태계의 보전 및 관리에 관한 법률」에 따라 우리나라에 고유한 종이거나 개체 수가 현저하게 감소하고 있는 종, 또는 학술적·경제적 가치가 높은 종이거나 국제적으로 보호 가치가 높은 종으로 지정한다. 현재 해양보호생물로 지정되어 있는 종은 포유류 19종, 무척추동물 36종, 해조류(해초류 포함) 7종, 파충류 5종, 어류 5종, 조류 16종으로 총 88종이다.

35) 제주 남방큰돌고래의 역사·문화적 가치가 인정돼 천연기념물 지정 검토가 이뤄지기도 했다. 그러나 해양수산부 지정 '해양보호생물'인 제주 남방큰돌고래가 천연기념물로 지정될 경우, 관리 주체가 해수부와 문화재청으로 이원화돼 중복 지정 이전보다 효율적 보호가 어려워질 수 있다는 등의 이유로 천연기념물 지정 논의는 무산됐다(박현지, 「우영우의 '제주 남방큰돌고래' 천연기념물 지정이 무산된 이유」, 《한겨레》, 2022년 8월 23일 자).

36) 학술연구 또는 해양보호생물의 보호·증식 및 복원 등의 목적으로 해양수산부 장관의 허가를 받은 특별한 경우를 제외하고는 해양보호생물을 포획·채취·이식·가공·유통·보관·훼손하는 행위 금지된다(「해양 생태계의 보전 및 관리에 관한 법률」 제20조). 또한 해양보호생물의 포획 등의 가중처벌 조항에 따라 매매를 목적으로 상기 위반행위의 죄를 범하여 징역에 처하는 경우에는 매매로 인하여 취득했거나 취득할 수 있는 가액(價額)의 2배 이상 10배 이하에 해당하는 벌금을 병과할 수 있다(「해양 생태계의 보전 및 관리에 관한 법률」 제63조의 2).

<표 3> 해양보호생물(법 시행규칙 제4조 관련)

번호	국명(보통명)	학명	비고
2	남방큰돌고래	Tursiops aduncus	CITE Ⅱ IWC 포획금지종 IUCN 자료부족종

이러한 보호종 지정을 통한 보전 전략에서 제주 남방큰돌고래는 보호 대상에 불과하다. 생물 보호에서 가장 핵심 사항인 체계적인 서식지 보호도 보이질 않는다. 자연적 실체인 제주 남방큰돌고래에 법인격을 부여해 존재할 권리와 생태계 내에서 자신의 고유한 역할과 기능을 수행할 자유를 갖는 권리주체로 인정한다면, 앞서 살펴본 바와 같이 제주 남방큰돌고래의 권리에 상응하여 국가에 지워진 '보호 의무' 또는 '실현 의무'에 따라 서식지에 대한 체계적 보호(의무)가 수반되어야 한다. 제주 남방큰돌고래의 권리인정은 단순히 한 개체, 한 종의 권리 인정을 넘어 해양환경의 보전·보호를 위한 법적 기반이 조성될 수 있다. 나아가 우리는 자연에서 생태적 역할과 기능을 수행할 권리를 갖는 제주 남방큰돌고래는 해양 생태계 보전을 위한 전략적 파트너로 상정할 수 있다. 여기에서는 '인간: 동물＝(권리)주체: 객체'라는 인간중심적인 이분법적 인식은 사라지고 "자연은 객체의 집합이 아닌 주체들의 친교"[37]라는 지구법학적 관점으로 나아가게 된다.

---

37) 박태현, 「인류세에서 지구공동체를 위한 지구법학」, 《환경법과 정책》 26, 2021, 10-12쪽.

자연의 권리 전략: 개체 생명 중심 접근과 전체 생태 중심 접근[38]

루마니아 의회 의원인 레무스 세네아(Remus Cernea)는 돌고래를 '비인간 사람(non-human persons)'으로 인정하는 법안을 발의했다.[39] 법률안은 '비인간 사람'을 "인간종에 속하지 않지만 발달된 지능과 복잡한 사회적 관계를 형성할 수 있는 능력을 갖는 존재"로 정의하고 있다. 법률안에 따라 돌고래는 "생명과 신체 온전성, 그리고 잔인한 행위로부터 자유로울 권리"를 갖게 될 것이다. 또한 "자연환경에서 자유롭게 이동할 수 있고, 의료 지원 제공 또는 임박한 위험으로부터 보호 이외의 목적으로 포획되거나 감금"되지 않으며, "자신이 사는 자연환경에서 보호되고, 자신이 속한 집단 내지 가족에서 분리되지 않을 권리"를 갖게 된다. 또한 시민운동 차원에서 전개되는 '국제 고래류 권리 선언(International Declaration of Rights for Cetaceans, 2010)'[40]에서는 돌고래와 고래는 이동 및 거주의 자유와 죽거나 포획, 사육 및 행위 강제되지 않을 자

---

38) 이 점과 관련하여 자연의 권리와 동물의 권리 담론을 비교하고 있는 송정은, 「자연의 권리와 동물의 권리 담론의 법적 고찰」, 《환경법과 정책》 25, 2020, 1-34쪽을 참고할 수 있다.

39) Laura Bridgeman, "Toward Dolphin Personhood: It's Everyone's Responsibility", February 7, 2014, https://www.thedodo.com/toward-dolphin-personhood-its—419089415.html.

40) Cetacean Rights: Fostering Moral and Legal Change, "Declaration of Rights for Cetaceans: Whales and Dolphins", May 22, 2010, https://www.cetaceanrights.org/

유를 포함하는 '비인간으로서 권리'가 부여되는 '사람'으로 선언
했다("사람으로서 돌고래와 고래는 생명과 자유 그리고 안녕에 대한 권리를 갖는
다"). 고도의 사회적 지능 등 돌고래가 인간과 유사한 능력을 갖고
있다는 점에 근거해 모종의 권리를 부여하려 한다는 점에서 세네
아의 법안이나 고래류 권리 선언은 '인간유사적 접근법'이라 명명
할 수 있다.

이처럼 돌고래는 고도로 발달된 지능과 복잡한 사회적 관계를
형성할 능력을 갖는다는 사실에 근거해 돌고래에 권리를 인정할
수 있다. 그러나 '야생동물'의 경우 생태계 내에서 수행하는 고유
한 역할과 기능을 고려한다면 생태 중심 접근법에 따라 돌고래에
자연의 권리를 인정할 수 있다. 특히 돌고래는 생태계 최상위 포
식자이자 조절자(umbrellar species)로, 해양 생태계를 이해하는 데 중
요한 종(keystone species)이다. 지구법학의 사상적 토대를 제공한 문
화사학자 토마스 베리에 따르면 돌고래가 해양 생태계에서 수행
하는 그러한 역할과 기능을 수행할 자유와 이를 위한 서식지에 대
한 권리를 인정해야 한다.[41] 이러한 권리로부터 인간은 그러한 자
유로서 권리를 존중하고 침해해서는 안 되는 의무를 진다. 또한
적절한 방지 조치를 통해 제3자의 침해로부터 그 이익과 자유를
보호해야 할 의무를 진다.

---

41) Thomas Berry, "The Origin, Differentiation and Role of Rights", 2001, https://
www.ties-edu.org/wp-content/uploads/2018/09/Thomas-Berry-rights.pdf. "5. 지
구공동체의 모든 성원은 세 가지 권리를 가진다: 존재할 권리, 거주할 권리, 지구공동
체의 공진화 과정에서 자신의 역할과 기능을 수행할 권리."

생태중심적 접근법에 따르면 생태계가 아닌 동식물 개체의 이익과 권리가 문제되는 경우에도 그러한 권리는 자연인(natural person)의 권리처럼 개체적 권리가 아니라 '한 종으로서 집단적 권리'로 보아야 한다. 따라서 가령 고래의 이익과 인간의 이익이 충돌하는 경우, 우리는 고래관광 배의 간섭을 받지 아니하고 유영하고, 먹이활동을 하며 생식을 할 충분한 서식 공간에서 자기 종의 자연적 성향에 따라 살아갈 권리와 가족 성원을 잃는 고통스러운 경험을 겪지 않을 권리를 포함하여 '종으로서' 고래의 권리를 고려해야 한다.[42] 그리고 이러한 권리를 집행하려는 목적에서 제주 남방큰돌고래에 법인격을 부여해 '사람(legal person)'으로 취급할 수 있다.

제주 남방큰돌고래의 대표: 후견제도에 기반한 거버넌스

자연적 실체의 법적 인정은 해당 실체가 단순한 보호 대상에서 법 주체로 지위 전환됨을 의미한다. 이러한 전환은 환경 정책을 위한 새 거버넌스 모델을 제공해 줄 수 있다. 기관(중앙정부-후견위원회-지역 후견인) 간 협력 조정 및 지역사회의 참여라는 측면에서 새 거버넌스 모델—포용적 거버넌스 모델(a New Model of Inclusive Governance)—창출이 자연의 권리 인정에서 중대한 실질적 효과

---

42) Susan Emmenegger and Axel Tschentscher, "Taking Nature's Rights Seriously: The Long Way to Biocentrism in Environmental Law", *Georgetown International Environmental Law Review* 6(3), 1994, p. 585.

일 수 있다. 이 거버넌스는 정부 자체에 변화를 가져와 중앙정부
는 기존의 관료주의적 국가 또는 정부 논리에서 조금 거리를 두
고 지역 후견인과 더불어 협력하여 환경 복원 계획을 발전시키
는 등 더 직접적이고 더 긴밀한 역동적인 대화의 새 모습을 확보
할 수 있다.[43]

수잔 엠메네거와 악셀 첸처는 자연의 권리론의 실천적 함의로
다음 세 가지를 들고 있다. 첫째, 자연의 권리와 인간의 권리 사
이 새로운 균형 찾기. 둘째, 자연에 법적-정치적 대표의 설정(특별
수탁자(trustee) 등 후견인에 의한 대변을 통해 자연에 고유한 당사자 자격 부여).
셋째, 자연을 위한 지지 행위로 복원 운동의 강력한 근거 기반 제
공.[44] 제주 남방큰돌래에 법인격을 부여하려는 시도[45]는 한국 사
회에서 자연의 권리 운동의 시작을 알리는 '신호탄'이다. 제주 남
방큰돌고래의 권리를 인정함으로써 우리는 시민사회와 전문가와
지역사회 등의 포괄적 참여를 통한 포용적 거버넌스를 구축할 수
있고 이를 통해 돌고래의 본래 가치와 고유한 이익을 수호할 수
있다. 나아가 남방큰돌래의 이동의 자유와 서식지의 보호는 해양
생태계의 효과적인 보전 관리로 이어질 것이다.

---

43) Philipp Wesche, "Rights of Nature in Practice: A Case Study on the Impacts of the Colombian Atrato River Decision", *Journal of Environmental Law* 33, 2021, pp. 545-547.

44) Emmenegger and Tschentscher, "Taking Nature's Rights Seriously", p. 585.

45) 남종영, 「'생태법인'을 아시나요?··· 제주 남방큰돌고래, 법적 권리 논의 시동」, 《한겨레》, 2022년 10월 6일 자.

법인격 또는 권리를 갖는 실체: '전체 자연' 또는 '자연물'

위에서 본 바와 같이 자연의 권리를 인정하고 있는 각국의 법체계를 검토하면, 무엇보다 법인격 또는 권리주체성을 어떤 자연적 실체에 부여 또는 인정하는지에서 뚜렷하게 구분된다. 앞서 언급한 바와 같이 이는 크게 1) 전체 자연에 인정하는 '에콰도르 모델', 2) 특정 자연물에 인정하는 '뉴질랜드 모델'로 나뉜다. 나는 기본적으로 특정 자연물에 권리를 인정하거나 법인격을 부여하는 입법례, 즉 뉴질랜드 모델이 적절하다고 본다. 전체 자연에 법적 권리를 인정하는 에콰도르 모델을 따르기에는 한국 사회의 체계 조정과 이에 수반되는 법체계의 조정 부담이 너무 클 수 있기 때문이다. 따라서 자연의 권리를 인정할 적당한 자연적 실체를 찾아 이에 법인격을 부여하는 선택적 전략에서 출발하는 것이 현실적으로 실행 가능한 유효한 방안이라고 본다.

덧붙여 지적해야 할 것이 있다. 이 글에서 탐구하고 있는 '제도'로서 생태법인은 특정 자연물에 법인격을 부여하려는 것이라는 점에서 기본적으로 뉴질랜드 모델을 따른다. 그러나, 아래에서 보는 바와 같이 뉴질랜드 모델과 달리, 법인격을 갖는 자연물이 미리 특정한 것에 한정되지 않고, 사전에 정해진 의사결정에 따라 법인격 부여 대상이 정해지게 된다는 점에서 결정적인 차이를 갖는다. 법인격을 부여할 자연물의 후보군은 1) 특별한 보호 가치와 필요성, 2) 생태적 기능과 특성, 가치, 3) 지역사회와의 역사문화적 관계(=역사문화적 가치), 4) 특성 및 상징성 등을 종합적으로 고려하여 선정할 수 있다. 여기서는 유력한 후보군으로 제주 남방큰돌고래를 선정했는데 그 이유는 다음과 같다.

첫째, 제주 남방큰돌고래의 특별한 보호 가치 및 그 필요성이다. 남방큰돌고래(Tursiops aduncus)는 해양 생태계 보전 및 관리에 관한 법률에 따른 해양포유동물[46]로서 해양보호생물[47]이다. 또한 세계자연보전연맹(IUCN)의 적색 목록상 준위협종으로 분류돼 있다(이는 적절한 보호조치가 중단될 경우 멸종 위기에 처할 수 있다는 위험성을 경고하는 것이다). 한국에서 제주 연안에 분포하는 제주 남방큰돌고래는 현재 개체수가 110-120여 마리로 추정되는데, 돌고래 관광이나 해양 쓰레기 그리고 서식지 감소 등으로 인하여 건강한 생존과 안녕이 심각한 위협에 처해 있어 그 보호의 필요성이 크다.[48]

둘째, 제주 남방큰돌고래의 생태적 기능과 그 가치다. 제주 남방큰돌고래는 해양 생태계의 구조와 본래적 기능, 통합성 및 장기 지속성의 유지와 회복에 매우 큰 역할을 하는 이른바 핵심종(keystone species)[49]이다. 따라서 건강한 해양 생태계의 건강한 유지

---

46) 「해양 생태계 보전 및 관리에 관한 법률 시행규칙」 [별표 2] 해양포유동물, 35 남방큰돌고래(Tursiops aduncus).

47) 「해양 생태계 보전 및 관리에 관한 법률 시행규칙」 [별표 3] 해양보호생물, 2.남방큰돌고래(Tursiops aduncus)

48) 김현우·손호선·안용락, 「2000년대 초반 제주도 남방큰돌고래(Tursiops aduncus)의 분포 양상」, 《한국수산과학회지》 48(6), 2015, 940-941쪽.

49) 핵심종의 개념에 관해서는 Stephen C. Wagner, "Keystone Species", *Nature Education Knowledge* 3(10), https://www.nature.com/scitable/knowledge/library/keystone-species-15786127/. 한편 하시동·안인 사구의 생태계가 유지되어 우수한 자연경관이 창출되기 위해서는 핵심종인 수달이 보호되어야 한다는 연구로는 석영선·전진형·송기환, 「생태·경관보전지역 복원방향 제시를 위한 시스템 사고적 접근—하시동·안인사구의 훼손원인과 핵심종 간의 관계를 중심으로」, 《휴양및경관연

를 적정 개체군이 보전 또는 회복되어야 한다.50) 이런 점에서 제주 남방큰돌고래는 해양 생태계와 불가분적으로 통합된 살아 있는 자연적 실체(living and integrated natural entity)로 인정돼야 한다.

셋째, 제주 남방큰돌고래의 제주 지역사회와 관계에서 갖는 역사·문화적 가치이다. 제주 남방큰돌고래는 먼바다에 나가서 살지 않고 육지와 가까운 바다에 살기 때문에 자주 사람들에게 목격되고, 특히 해녀와 가까운 관계를 형성하고 있다. 해녀들은 제주 해역에 상어가 출몰하지 않는 것은 돌고래 덕분이라고 이야기한다.51)

넷째, 제주 남방큰돌고래가 가진 특성과 상징적 가치다. 고래나 돌고래는 '인간종에 속하지 않지만, 발달된 지능과 복잡한 사회적 관계를 형성할 수 있는 능력을 갖는 존재'로 비인간 인격체(non-human person)로 보고 있다. 또한 '국제 고래류 권리 선언'에서 '비인간으로서 권리'가 부여되는 '인격체'로 선언하며, "인격체로서 돌고래와 고래는 생명과 자유 그리고 안녕에 대한 권리를 갖는

구》8(2), 2014, 46쪽.

50) 고래는 환경에 필수적인 핵심종이다. 고래의 배변은 영양학적으로 바다를 비옥하게 만든다. 고래의 변에는 해양 먹이사슬의 기반을 형성하는 식물성 플랑크톤과 같은 작은 생물이 생존하는 데 필요한 철분과 질소와 같은 영양소가 풍부하게 들어 있다. 식물성 플랑크톤은 바다의 식물로 광합성을 통해 이산화탄소를 흡수하고 산소를 방출한다. 대기 중 산소의 50~80퍼센트는 식물성 플랑크톤에서 나온다. 고래가 많을수록 식물성 플랑크톤도 많아지고 산소도 많아진다(Andrew Rogan, "Why protect whales?", *Washington Examiner*, April 22, 2022, https://www.washingtonexaminer.com/restoring-america/faith-freedom-self-reliance/why-protect-whales)

51) 정근식·고혜영·황경식, 「생태법인 제도 도입을 위한 주요 요소 도출과 표준화 방향 제안」, 《표준인증안전학회지》 13(3), 2023, 125쪽.

다"고 했다.[52] 이러한 생태적 특성을 지닌 제주 남방큰돌고래 각자 서로 구분되는 뚜렷한 성격을 갖는다.[53]

현행법 아래에서 법인을 설립하는 방안

현행 법체계에서 법인 설립에는 두 가지 방안이 있다. 첫 번째 방안은 특정 법인을 설립할 수 있는 근거 규정을 마련하는 것이다. 이때 근거 규정은 법률 자체가 될 수 있고 아니면 법률의 개별 조항이 될 수 있다. 「협동조합 기본법」에 따른 협동조합이나 「새마을금고법」에 따른 새마을금고의 설립은 전자에 속하고, 「사회복지사업법」제16조에 따른 사회복지법인이나 「의료법」 제48조에 따른 의료법인의 설립은 후자에 속한다. 두 번째 방안은 법률(또는 법률의 개별조항)로써 직접 해당 법인을 설립하는 경우다. 「한국환경공단법」에 따른 한국환경공단, 「한국에너지공과대학교법」에 따른 한국에너지공과대학교, 「제주특별자치도 설치 및 국제자유도

---

52) Cetaceans Rights, "Declaration of Rights for Cetaceans: Whales and Dolphins", https://www.cetaceanrights.org.

53) 2013년 7월 수족관에 살던 남방큰돌고래 제돌이와 춘삼이, 삼팔이가 모두 제주 바다에 방류되어 자유의 몸이 되었다. 제돌이와 춘삼이, 삼팔이는 성격이 무척 다르다고 한다. 해양동물생태보전연구소(MARC) 대표로 제주에서 살며 남방큰돌고래를 꾸준히 관찰, 연구한 장수진에 따르면 삼팔이는 호기심이 많아 새로운 것에 도전을 잘한다고 한다. 제돌이는 좀 늦된 편이고, 춘삼이는 신중하고 우직해 차분히 지켜보다가 끈기 있게 여러 번 연습하여 하고 싶은 일을 해낸다고 한다(장수진, 『저희, 곰새기: 제주 돌고래, 동물 행동 관찰기』, 아이들은자연이다, 2018, 16-17쪽).

시 조성을 위한 특별법」(이하 제주특별법) 제166조에 따른 제주국제
자유도시 개발센터, 「해양환경 보전 및 활용에 관한 법률」 제26조
에 따른 해양환경보전협회의 설립을 예로 들 수 있다.

〈표 2〉 현행법상 법인 설립 방안

1안 법률에 법인 설립 근거 규정을 두는 방안	법률	「협동조합 기본법」, 「새마을금고법」 등
	개별조항	「사회복지사업법」 제16조에 따른 사회복지법인
2안 법률로써 법인을 설립하는 방안	법률	「한국환경공단법」에 따른 한국환경공단 설립
	개별조항	「제주특별법」 제166조에 따른 제주국제자유도시 개발센터 설립

제주 남방큰돌고래에 법인격 부여 방안

위에서 살펴본 현행법상 법인 설립 방안을 고려하면 제주 남방큰
돌고래에 법인격을 부여하는 방안도 두 가지 안을 상정할 수 있다.

① 생태법인(제도) 창설안: 법률(또는 법률조항)에 생태법인을 창
설할 수 있는 근거 규정을 마련하고, 이후 해당 법률(또는 법률조항)
에 따라 제주 남방큰돌고래에 법인격 부여.

② 법인격 직접 부여안: 법률(또는 법률조항)로써 제주 남방큰돌
고래에 법인격 부여.

각 안은 현행 법률(가령 제주특별법)의 개정 또는 특별법의 제정으로 구현할 수 있다. 그 결과 다음 표 기재와 같이 이론상 네 가지 방안이 도출된다.

〈표 3〉 제주 남방큰돌고래의 법인격 부여 방안

입법 구상	현행법 개정안(예: 「제주특별법」)	특별법 제정안
생태법인 창설안*	1안: 제0조(핵심종 또는 생태계의 지정 및 생태법인 설립) 신설	3안: 가칭 「생태법인의 창설 및 후견위원회 설치 등에 관한 법률」
법인격 직접 부여안**	2안: 제0조(제주 남방큰돌고래의 법인격) 신설	4안: 가칭 「제주 남방큰돌고래의 법인격 및 후견위원회 설치 등에 관한 법률」

* 특정 종 또는 생태계를 법인으로 할 수 있는 새 유형의 법인 법제(생태법인) 창설안.
** 특정 종 또는 생태계에 직접 법인격을 부여하는 방안.

① 생태법인 창설안: 이 안은 특정 종 또는 생태계 등 자연물을 법인으로 할 수 있는 새 유형의 법인, 곧 생태법인을 창설할 수 있는 근거 규정을 마련하는 안이다.

〈표 4〉 생태법인 창설안: 핵심종 또는 핵심 생태계의 지정 및 생태법인의 성립

현행	개정안
〈신설〉	제0조(정의) 이 법에서 사용하는 용어의 정의는 다음과 같다. "생태법인"이라 함은 이 법에 따라 특정 생물종 또는 생태계가 고유한 생태적 습성 또는 특성에 따라 자연에서 존재하고 재생할 이익을 방위하고 실현하는 목적 범위에서 권리능력을 가지는 경우를 말한다.
〈신설〉	제00조(핵심종 또는 핵심 생태계의 지정 및 생태법인의 성립) ① 시도지사는 시도에 서식하거나 시도의 자연환경을 이루는 종(種) 또는 생태계로서 시도의 자연환경과 지역주민의 생활 및 안녕에 특별히 중요하다고 인정하는 특정 종 또는 생태계의 보전·보호를 위하여 다음 각호의 기준에 따라 시도의회의 심의와 지역주민의 의견수렴을 거쳐 핵심종 또는 핵심 생태계로 지정할 수 있다. 1. 해당 종 또는 생태계의 국제적 보호 가치 및 필요성 2. 해당 종 또는 생태계의 생태적 습성 또는 특성 및 생태적 기능과 시도의 자연환경에 미치는 영향(다른 자연환경의 구성 요소에 미치는 연쇄효과를 포함한다) 3. 해당 종 또는 생태계의 역사 문화적 가치 4. 해당 종 또는 생태계가 지역주민의 생활과 안녕, 지역경제 등에 미치는 영향 5. 그 밖에 대통령령으로 정하는 사항 ② 시도지사는 제1항에 따라 핵심종 또는 핵심 생태계를 지정한 경우에는 지체 없이 고시하여야 한다. ③ 제2항에 따라 고시된 핵심종 또는 핵심 생태계는 생태법인으로 한다. ④ 제1항에 따른 핵심종 또는 핵심 생태계의 이익과 권리는 조례에 따라 두는 후견위원회가 대표하고 해당 종 또는 생태계의 이름으로 행사한다. ⑤ 핵심종 또는 핵심 생태계의 고시와 후견위원회의 구성 및 기능, 그 밖에 보전·보호 등에 관하여 필요한 사항은 조례로 정한다.

② 법인격 직접 부여안: 남방큰돌고래 등 자연물에 법인격을 부여하는 특정 조항을 신설하는 안이다.

〈표 5〉 법인격 직접 부여안: 제주 남방큰돌고래의 법인격

현행	개정안
〈신설〉	제00조(제주 남방큰돌고래의 법인격) ① 제주 남방큰돌고래(제주 해양에 서식하는 큰돌고래속에 속하는 돌고래(학명: Tursiops aduncus)를 말한다)는 개체로서 또 종으로서 고유한 생태 습성에 따라 자연에서 존재하고 재생할 이익을 가지며, 이 이익을 방위하고 실현하는 목적 범위에서 권리주체로서 다음 각호의 권리를 가진다. 1. 자연에서 존재하고 재생할 권리 2. 종 또는 서식지 보호에 대한 권리 3. 종 또는 서식지 회복에 대한 권리 ② 제1항에 따른 제주 남방큰돌고래의 이익과 권리는 조례에 따라 두는 후견위원회가 대표하고 제주 남방큰돌고래의 이름으로 행사한다. ③ 제주 남방큰돌고래의 권리와 후견위원회의 구성 및 기능, 그 밖에 남방큰돌고래의 보호·보전 등에 관하여 필요한 사항은 조례로 정한다.

위 입법 구상안에서 '생태법인'은 "법률에 따라 특정 생물종 또는 생태계가 고유한 생태적 습성 또는 특성에 따라 자연에서 존재하고 재생할 이익을 방위하고 실현하는 목적 범위에서 권리능력을 갖는 경우"라고 정의한다(물론 이와 달리 정의할 수 있지만, 어떻게 정의하더라도 누락할 수 없는 핵심 요소는 해당 자연물의 고유 이익을 유지, 실현하기 위해 '권리능력'을 가진다는 것이다). 1안에 따르면 제주 남방큰돌고래를 제주 해양 생태계의 핵심종으로 지정하면 법률에 따라 권리능력, 곧 법인격을 갖게 된다(제주 남방큰돌고래뿐 아니라 그 밖의 종 또는 특정 생태계(가령 곶자왈)를 핵심종 또는 핵심 생태계로 지정하면 법률에 따라 권리능력을 갖게 된다).

2안은 제주 남방큰돌고래는 법률에 의해 직접 개체로서 또 종으로서 고유한 생태적 습성에 따라 자연에서 존재하고 재생할 이익을 가지며, 이 이익을 방위하고 실현하는 목적 범위에서 기본적 권리(곧, ① 자연에서 존재하고 재생할 권리, ② 종 또는 서식지 보호에 대한 권리, ③ 종 또는 서식지 회복에 대한 권리)를 갖는 권리주체가 된다.

제주 남방큰돌고래의 권리 대변: 후견제도

자연의 권리를 인정한다면 자연 자체는 행위능력, 곧 권리 행사능력이 없으므로 누가 자연의 권리를 행사할 수 있느냐 하는 이른바 대표의 문제가 발생한다. 이러한 대표 문제는 후견제도로 나타난다(즉 자연의 권리는 현실에서 후견인에 의해 행사되어야 한다). 이러한 후견제도는 크게 두 가지 모델, 곧 에콰도르 모델('전체 자연' 모델)과 뉴질랜드 모델('자연물' 모델)로 나뉜다.

법인격을 갖는 자연물은 각종 의사결정에서 정당한 이해당사자로 존중되어야 한다. 이를 위하여 자연의 이익과 권리는 후견인을 통해 효과적으로 대표되어야 한다. 후견제도를 창설함에 있어뉴질랜드 후견 모델—테 아와 투푸아와 그 인간 모습인 테 포우 투푸아—을 참고할 수 있다.

테 아와 투푸아는 법인으로서 모든 권리와 권능, 의무 그리고 책임을 갖는다. 이러한 권리 등은 테 포우 투푸아가 제2절과 테 마나오 테 아와 투푸아(Te Mana o Te Awa Tupua) 문서에서 정한 방식에 따라 테 아와 투푸아의 이익을 위하여 그 이름으로 행사 또는 이행

한다(제14조, 제18조 제2항).

이 테 포우 투푸아는 테 아와 투푸아의 인간 모습(human face)이자 목소리다.[54] 법인(legal person)으로서 테 아와 투푸아는 테 아와 투푸아의 지위를 유지하고, 그 건강과 안녕을 보호하기 위하여 테 아와 투푸아의 이름으로, 테 아와 투푸아의 이익을 위하여 필요한 조치를 취할 수 있는 인간 행위(대리) 주체(human agent)를 요구한다. 이 법은 이러한 역할을 수행하고 테 아와 투푸아의 인간 형상으로 활동할 테 포우 투푸아의 지위를 정하고 있다.

테 포우 투푸아는 황거누이 강에 이해관계를 갖는 이위족 1인과 정부 1인으로 공동 임명된다. 이는 이위족과 정부 사이 조약에 따른 동반자 관계 및 테 아와 투푸아를 유지해야 할 정부의 항구적 책임을 상징한다. 테 포우 투푸아의 주요 기능은 다음과 같다(제19조 제1항).

(a) 테 아와 투푸아의 이익을 위하여 활동하고 발언한다.

(b) 테 아와 투푸아의 지위와 본래 가치를 지킨다.

(c) 테 아와 투푸아의 건강과 안녕을 증진하고 보호한다.

(d) 테 아와 투푸아의 이익을 위하여 테 아와 투푸아에 부여된 토지에 토지소유자의 역할을 수행한다.

(i) 그 밖에 테 포우 투푸아의 목적을 달성하고 그 기능을 수행하기 위하여 합리적으로 필요한 조치를 취할 수 있다.

---

54) Ngā Tāngata Tiaki O, "Te Pou Tupua", https://www.ngatangatatiaki.co.nz/our-story/ruruku-whakatupua/te-pou-tupua/.

테 포우 투푸아는 세 명의 위원—황거누이 이위 1인, 황거누이 강에 이해관계를 갖는 다른 이위 1인 그리고 지방정부가 지명하는 1인—으로 구성되는 자문위원회[55]의 도움을 받는다(강의 구분되는 부분에 영향을 미치는 사안에서 자문이 필요한 경우 그 특정 부분에 이해관계를 갖는 이위를 추가 임명할 수 있다). 테 카레와오(Te Karewao) 역할은 테 포아 투푸아(Te Pou Tupua)가 기능을 수행할 때 조언하고 지지하는 것이다. 테 포우 투푸아는 테 카레와오에 일부 기능을 위임할 수 있다.

후견 체제는 다음과 같이 정부 및 지자체와 관련 전문가 및 환경보전 시민단체 그리고 지역주민 등으로 구성되는 위원회를 설치하고, 위원회에 자연물의 이익을 대표하기 위해 적절한 권한 부여와 함께 책무를 부과하는 것이다. 위원회의 권한에는 자연물의 권리를 보호하고 실행하기 위한 '재판상 행위'가 포함되어야 한다. 또한 자연물의 권리와 그 밖의 관련 법률에 따른 보호가 제대로 이행되는지 감시하고 관련 당사자가 이를 준수하도록 하는 데 필요한 행위를 할 수 있어야 한다. 그리고 자연물의 서식지에 부정적 영향을 끼칠 수 있는 행정 계획의 수립이나 개발 행위의 시행에서 미리 위원회와 협의하도록 해야 한다.

---

55) Ngā Tāngata Tiaki O, "Te Pou Tupua".

자연의 권리의 미래:
부엔 비비르 혹은 수막 카우사이

부엔 비비르 혹은 수막 카우사이

　우리가 에콰도르 헌법에서 각별히 주목해야 할 점은 단순히 자연의 권리를 명문으로 인정했다는 점을 넘어서 자연의 보호, 자연의 권리 인정, 그리고 자연과 조화하는 삶을 인간의 좋은 삶의 방식으로 규정했다는 데서 찾을 수 있다. 자연과 조화하는 삶이 당위명제가 아니라 그냥 그것이 좋은 삶의 방식이라는, 선조들로부터 전승돼 온, 그러나 현재와 같은 생태위기 시대에 이르러 더 각별한 의미를 갖게 된, 인생관 내지 세계관을 에콰도르 헌법은 담대하게 선언하고 있는 것이다.[1] 조영현은 이를 다음과 같이 설명하고 있다.

　자연은 인간이 상정하는 유용성이나 가치에 종속되지 않고 그

---

1) 홍성태·최현·박태현, 『공동자원론, 생태헌법을 제안한다』, 진인진, 2016 참고.

자체로 본질적 가치를 지닌다. 인간, 동물, 식물이 없더라도 세상은 계속된다. 자연은 자체로 생명을 내포하고 있고, 이 가치는 인간의 인식, 관심, 인정과는 별도로 존재하는 것이다. 에콰도르 헌법은 인간이 태어날 때부터 천부적 가치(valor inherente)를 가지고 있는 것처럼 자연도 그 자체로 존재의 본질적 가치를 지니고 있음을 인정한다. 부엔 비비르 또는 수막 카우사이 철학에서는 인간 중심적 권리인 인권만 존재하는 것이 아니라 자연의 권리(혹은 생태적 권리)도 존재하는 것이다. 이 철학의 관점에서 발전은 이제 순전히 양적인 목표만 지향하는 것이 아니라 질적인 과정이다. 발전은 부의 축적도 아니고, 산업화도 아니다. 발전은 자연과 인간, 공동체들 간 조화로운 공생에 도달하기 위한 것이다.[2]

자연의 권리를 '자연과 인간(문명) 사회 간의 조화와 공존'의 사유 속에서 또한 '개인의 좋은 삶(생활방식)'의 측면에서 이해하도록 인도한 것이 에콰도르 헌법이 자연의 권리론 발전에서 이룬 귀중한 기여라고 본다. 로스 세드로스 산림 사건에서 에콰도르 헌법재판소는 자연의 권리를 헌법의 근본 가치로 정의하며, 헌법이 자연을 권리를 지닌 주체로 인정한 것은 단순한 수사학적 선언이 아니라 "세대를 초월하는 천명이자 시대 역사적인 공적 약속으로, 이

러한 가치는 에콰도르 국민의 근본 가치를 나타내는 헌법 전문의 한 부분"[3]이라고 했다. 나는 이것이 자연의 권리에 관한 국제사회의 태도의 미래 방향성이라고 보고 싶다.

자연의 권리론: 규범적 패러다임의 변화

환경보호의 중심 근거(논리)의 변화 과정은 '인간중심주의'에서 '비인간중심주의'로 발전한 과정으로 이해할 수 있다. 처음에는 '현세대'가 '자기 이익'으로 환경보호를 주창했다. 이후 환경보호에서 (여전히 인간중심적이지만) '세대 간' 차원이 추가되는데, 여기서 '미래 세대'와 '지속가능성' 그리고 '세대 간 형평성'이 강조된다. 그다음 단계로 자연의 본래 가치(intrinsic values)가 강조되며 자연의 권리라는 비인간중심주의적 패러다임이 출현했다.

자연의 권리의 함의(잠재력)에 관하여는 다양한 이해 방식이 있다. 첫 번째는 자연의 권리 접근법이 가진 패러다임 변화의 잠재력을 강조하는 견해다. 예컨대 인간과 자연 간 관계에 대한 접근에 있어 존재론적 전환을 위한 이상적인 출발점으로서 권리주체로서의 강 시스템을 제안함으로써 강과 생명 간 '심오한 유대'를 지적한다. 두 번째 이해 방식은 자연의 권리론이 패러다임 전환을

---

3) Constitutional Court of Ecuador Judgment 1149-19-JP/21, paras 31, 32.

가져올 수 없더라도 다양한 환경 이슈에 광범한 함의를 가질 수 있다고 본다. 마지막으로 지금의 지배적인 사회적·법적 틀 내에서의 자연의 권리 운동은 패러다임 변화를 낳을 가능성이 없다고 보는 견해가 있다. 이 견해에 따르면 자연의 권리와 인간의 권리(사유재산권을 포함해) 간 충돌의 해결을 위해 요구되는 판단 기준에는 한 사회의 사회적·법적 구조에서 나오는 규범 원칙 및 가치 위계가 불가피하게 반영될 수밖에 없는데, 결국 그 판단 기준은 인간중심적 패러다임의 자장에서 벗어날 수 없다고 한다.

한 사회의 사회적·법적 구조가 전제하는 패러다임의 변화는 단시간 내 사회적 운동을 통해 이뤄질 수 없다. 그러나 현재의 지배적인 패러다임이 변화해야 한다는 명제에 동의한다면 현 패러다임의 규범적 정당성과 과학적 타당성에 계속하여 이의를 제기하고, 패러다임 전환의 필요성과 시급성을 지속적으로 주창함으로써 현 패러다임의 극복을 위한 도전을 멈추지 말아야 한다. 이를 위해서는 먼저 우리 사회의 권리론은 인간은 주체고 자연은 객체라는 '특정 견해'가 반영된 것임을 인정해야 한다(역사를 되돌아보면 권리에 관한 아이디어는 시간에 따라 변화돼 왔다).[4] 서구 법 전통에서 "권리 부여는 사회적 책무 및 의무의 부과와 관련되고 권리와 책임 사이의 상호성은 사회계약 원칙에서 비롯한다"[5]고 본다(이런 이유

---

4) Guillaume Chapron, Yaffa Epstein and José Vicente López-Bao, "A rights revolution for nature", *Science* 363(6434), 2019, p. 1391.
5) People ex rel. Nonhuman Rights Project, Inc. v. Lavery, 998 N.Y.S.2d 248, 124 A.D.3d 148, 2014 N.Y. Slip Op. 8531 (N.Y. App. Div. 2014)

로 미국 법원은 동물의 법인격을 부정하고 있다). 권리는 법체계나 사회 관습 또는 윤리 이론에 따라 사람에게 무엇이 허용되는지, 무엇을 소유할 수 있는지에 관한 규범적 기본 규칙이다. 따라서 일련의 권리를 수용한다는 것은 자유와 권위의 어떤 배분을 인정하는 것이고, 또 무엇을 할 수 있고, 해야 하고 또는 해서는 안 되는지에 관한 특정 견해를 승인하는 것이다.6)

에콰도르 헌법은 자연의 권리를 인정하고 있는데, 이는 선주민들의 믿음에 뿌리를 둔, 환경적 관심 사항에 관한 비인간중심적 관념을 표명한 것이다. 선주민 공동체는 자연을 단순히 보호 대상(an object of protection)으로 보지 않고, 인간이 속해 있는, 조화롭게 공존해야 할 통합 체계(an integrated system)로 본다(헌법 전문). 이처럼 자연을 인간과 비인간 생명 그리고 유기/무기 환경이 통합된 하나의 체계('통합 체계')로 보는 사회에서는 인간 이외의 존재를 단지 대상 또는 객체로 여기는 태도는 실재(reality)에 전혀 부합하지 않는 그릇된 인식으로 받아들여질 것이다. 에콰도르 헌법상의 자연의 권리 조항은 자연과 자연-인간 간 관계에 대한 (서구 세계와) 전혀 다른 인식에 기반하고 있다.

또한 우리는 인간의 건강과 안녕은 지구 생태계의 건강과 안녕에 의존하고 있다는 사실을 인정해야 한다. 지구는 관계로 이뤄진 공동체다. 관계 공동체가 건강하려면 성원 간의 관계가 호혜적

---

6) Stanford Encyclopedia of Philosophy. https://plato.stanford.edu/entries/rights/(방문일자: 2022. 11. 24)

이어야 하고, 관계가 호혜적이려면 각 성원은 동등하게 그 본성에 따라 살아갈 수 있는 자유를 누릴 고유한 이익과 가치를 지닌 존재라는 사실을 인정해야 한다. '자연의 권리'와 '생태법인'(자연물에 법인격 부여)은 자연을 고유한 이익을 가진 이해당사자로 인간의 법체계 내로 받아들이기 위한 핵심 장치다. "인간뿐 아니라 그 밖의 모든 비인간 존재도 존재 자체에서 기원하는 자연적 권리(대표적으로 존재할 권리, 번영하며 자연적으로 진화할 권리 등)를 갖는, 행위역량을 보유한 주체다"라는 명제를 받아들이는 규범적 패러다임의 변화는 사람들을 더 생태적으로 지속 가능하게 행동하도록 고무하고자 '인간과 자연의 관계'와 '자연에 대한 인간의 책임'에 관하여 사람들의 이해 방식을 변화시킬 수 있다.

자연물의 법인격

모든 생명은 존속과 번영이라는 자기 목적성과 일정한 행위를 수행할 능력을 갖는다는 점에서 인간 존재와 마찬가지로 '주체'로 보아야 한다. 권리는 더 이상 인간 존재의 보호에 배타적으로 사용되는 법적 장치일 수 없고, 모든 형태의 생명을 보호하는 장치가 되어야 한다. 자연(전체 자연이든 자연물이든)의 권리를 인정하고 이를 인간 법체계에 반영한다는 것은 자연이 인간 이익을 위해 단순히 사용되는 자원에 불과하다는 관념을 거부하고, 자연도 (인간과 마찬가지로) 존재하고 번영하며 진화할 권리를 가짐을 인정하는

것이다.[7]

　전체 자연 또는 특정 자연물에 법인격을 부여하자는 제안은 인류세 시대에 우리의 인식은 지역 공동체와 세계 공동체를 넘어 지구 공동체로 확장되어야 하고 그 속에서 인간은 지구 공동체의 책임 있는 한 성원으로서 다른 다양한 생명 존재와 공동으로 존재하고 번영해야 한다는 윤리에 바탕하고 있다. 가령 우리는 생태법인 제도를 통해 제주 남방큰돌고래의 온전한 삶의 유지를 위한 법적 권리를 보장할 수 있게 된다. 이러한 남방큰돌고래의 권리의 실질적 보장은 결국 건강한 해양 생태계에 의존하므로 생태법인은 해양 생태계의 보호를 위한 입법·행정·사법상 조치를 정당화하는 타당한 이유가 될 것이다. 이는 장기적으로 현세대뿐 아니라 미래 세대의 건강과 안녕으로 귀결될 것이고 궁극적으로 우리는 생태법인을 통해 자연을 인간의 이용 대상이 아니라 상호의존하고 상호연결된 인간 비인간 주체들의 집합으로 바라보게 할 것이다.

---

7) Emma Hynek, "Earth Law Center Partners with The Leatherback Project to Support Sea Turtle Conservation Efforts in Panama", March 2, 2022, https://www.earthlawcenter.org/blog-entries/2022/3/earth-law-center-partners-with-the-leatherback-project-to-support-sea-turtle-conservation-efforts-in-panama.

참고문헌

강금실 외, 『지구를 위한 법학: 인간중심주의를 넘어 지구중심주의로』, 서울대학교출판문화원, 2020.

구경모 외, 『라틴아메리카 원주민의 어제와 오늘』, 산지니, 2016.

김도균, 『권리의 문법』, 박영사, 2008.

김석환, 「사회과학의 '물질적 전환(material turn)'을 위하여」, 《경제와 사회》 112, 2016.

김왕배, 「'인간너머' 자연의 권리와 지구법학: 탐색과 전망」, 《사회사상과 문화》 25(1), 2022.

김용덕 편, 『주석 민법: 총칙 1』(제5판), 한국사법행정학회, 2019.

김창근, 「상호문화주의의 원리와 과제: 다문화주의의 대체인가 보완인가?」, 《윤리연구》 1(103), 2015.

김태오, 「인공지능 로봇에 대한 인간의 인격개념 사용 문제: 신학적 인간학의 인격개념 이해를 중심으로」, 《가톨릭신학》 31, 2017.

김현우 · 손호선 · 안용락, 「2000년대 초반 제주도 남방큰돌고래(Tursiops aduncus)의 분포 양상」, 《한국수산과학회지》 48(6), 2015.

석영선 · 전진형 · 송기환, 「생태 · 경관보전지역 복원방향 제시를 위한 시스템 사고적 접근: 하시동 · 안인사구의 훼손원인과 핵심종 간의 관계를 중심으로」, 《휴양 및 경관연구》 8(2), 2014.

송정은, 「자연의 권리와 동물의 권리 담론의 법적 고찰」, 《환경법과 정책》 25, 2020.

송호영, 「동물은 법인격을 가질 수 있는가?」, 《법학논총》 39(1), 2022.

알도 레오폴드, 송명규 옮김, 『모래군의 열두 달』, 정한책방, 2024.

오동석, 「지구법학 관점에서 한국헌법의 해석론」, 《환경법과 정책》 26, 2021.

윌리엄 F. 슐츠 수시마 라만, 김학영 옮김, 『세상의 모든 권리 이야기』, 시공사, 2022.

이태혁, 「에콰도르의 '이중성(dual identity)': 중국의 등장과 에콰도르 아마존지역 개발의 정치경제적 역설(paradox)」, 《이베로아메리카연구》 27(1), 2016.

이상용, 「인공지능과 법인격」, 《민사법학》 89, 2019.

정근식 · 고혜영 · 황경식, 「생태법인 제도 도입을 위한 주요 요소 도출과 표준화 방향 제안」, 《표준인증안전학회지》 13(3), 2023.

조영현, 「안데스 삶의 철학이자 방식인 수막 카우사이(Sumak Kawsay)」, 《대학지성 In&Out》, 2020년 3월 1일 자, https://www.unipress.co.kr/news/articleView.html?idxno=724.

조영현 · 김달관, 「에콰도르 원주민 사상과 세계관의 복원: 수막 카우사이(Sumak Kawsay)에 대한 이론적 고찰」, 《중남미연구》 31(2), 2012.

조제프 R. 데자르뎅, 김명식 옮김, 『환경윤리』, 자작나무, 1999.

조희문, 「중남미에서의 자연권에 관한 이론과 실제」, 《외법논집》 44(3), 2020.

진희종, 「생태민주주의를 위한 '생태법인' 제도의 필요성」, 《대동철학》 90, 2020.

코막 컬리넌, 박태현 옮김, 『야생의 법: 지구법 선언』, 로도스, 2016.

크리스토프 스톤, 허범 옮김, 『법정에 선 나무들』, 아르케, 2003.

폴 테일러, 김영 옮김, 『자연에 대한 존중』, 리수, 2020.

Abigail Hutchison, "The Whanganui River as a Legal Person", *Alternative Law Journal* 39(3), 2014, p. 179.

Alfonso Donoso, "Toward a New Framework for Rights of the Biotic Community", in Daniel P. Corrigan and Markku Oksanen(eds.), *Rights of Nature: A Re-Examination*, Routledge, 2021.

Alexandre Lillo, "Is Water Simply a Flow? Exploring an Alternative Mindset for Recognizing Water As a Legal Person", *Vermont Journal of Environmental Law* 19(2), 2018.

Anna Grear, "Law's Entities: Complexity, Plasticity and Justice", *Jurisprudence* 4(1), 2013.

Anthony R. Zelle et al., *Earth Law: Emerging Ecocentric Law-A Guide for Practitioners*, Wolters Kluwer, 2021.

Bryan A. Garner, "Legal Person", *Black's Law Dictionary(9th ed.)*, West Group, 2009.

CBD, "Supplementary Report: Rights of Nature in the Post-2020 Global Biodiversity Framework", August, 2021.

CBD, "Towards the Adoption of a Rights-Based Approach: Incorporating the Rights of Nature in to the Post-2020 Global Biodiversity Framework of the CBD", https://2d350104-a104-42f3-9376-3197e7089409.filesusr.com/ugd/23bc2d_71f3fe57211547a5b4f4c831034320ab.pdf.

CDER, "Press Release Eng/Span: Panama Enacts Law that Recognizes

Rights of Nature", https://www.centerforenvironmentalrights.
org/news/press-release-panama-enacts-law-that-recognizes-
rights-of-nature.

CELDF, "Press Release: Colombia Constitutional Court Finds Atrato
River Possesses Rights", May 4, 2017, https://celdf.org/2017/05/
press-release-colombia-constitutional-court-finds-atrato-
river-possesses-rights/.

Christopher Stone, "Should Trees Have Standing?: Toward Legal
Rights for Natural Objects", *Southern California Law Review* 45,
1972, p. 450.

Cristy Clark et al., "Can You Hear the Rivers Sing: Legal Personhood,
Ontology, and the Nitty-Gritty of Governance", *Ecology Law
Quarterly* 45, 2018.

Craig M. Kauffman and Pamela L. Martin, "Can Rights of Nature
Make Development More Sustainable? Why Some Ecuadorian
Lawsuits Succeed and Others Fail", *World Development* 92,
2017.

David R. Boyd, *The Rights of Nature: A Legal Revolution That Could
Save The World*, ECW Press, 2017. [데이비드 보이드, 이지원 옮김,
『자연의 권리』, 교유서가, 2020.]

Dinah Shelton, "Nature as a legal person", *VertigO* 22, Hors-série 22,
2015, at 52, https://doi.org/10.4000/vertigo.16188.

ELGA, "Oslo Manifesto", June 2016, https://www.elga.world/oslo-
manifesto.

Elvia Arcelia Quintana Adriano, "Natural Persons, Juridical Persons
and Legal Personhood", *Mexican Law Review* 8, 2015.

Erin Ryan, Holly Curry and Hayes Rule, "Environmental Rights for the 21st Century: A Comprehensive Analysis of the Public Trust Doctrine and Rights of Nature Movement", *Cardozo Law Review* 42(6), 2021.

Geoffrey Garver, "Confronting Remote Ownership Problems with Ecological Law", *Vermont Law Review* 43(3), 2019.

Gillian K. Hadfield, Barry R. Weingast, "What Is Law? A Coordination Model of the Characteristics of Legal Order", *Journal of Legal Analysis* 4(2), 2012.

Hope M. Babcock, "A Brook with Legal Rights: The Rights of Nature in Court", *Ecology Law Quarterly* 43(1), 2016.

IGBP, "2001 Amsterdam Declaration on Earth System Science", http://www.igbp.net/about/history/2001amsterdamdeclarationo nearthsystemscience.4.1b8ae20512db692f2a680001312.html.

J. Michael Angstadt and Marion Hourdequin, "Taking Stock of the Rights of Nature", in Daniel P. Corrigan and Markku Oksanen(eds.), *Rights of Nature: A Re-Examination*, Routledge, 2021.

Joel Colón-Ríosal, "The Rights of Nature and the New Latin American Constitutionalism", *New Zealand Journal of Public and International Law* 107, 2015.

Joseph Raz, *The Morality of Freedom*, Oxford: Clarendon Press, 1986.

Katie Surma, "Panama Enacts a Rights of Nature Law, Guaranteeing the Natural World's 'Right to Exist, Persist and Regenerate'", *Inside Climate News*, February 25, 2022, https://insideclimatenews.org/news/25022022 /panama-rights-of-nature/.

Kristen Stilta, "Rights of Nature, Rights of Animals", *Harvard Law Review* 134(5), 2021.

Matthew Miller, "Environmental Personhood and Standing for Nature: Examining the Colorado River Case", *The University of New Hampshire Law Review* 17(2), 2019.

Miguel Vatter, "Nature's Law or Law's Law? Community of Life, Legal Personhood, and Trusts", in Marc de Leeuw and Sonja Van Wichelen(eds.), *Personhood in the Age of Biolegality*, Palgrave Macmillan, 2020.

Mihnea Tanasescu, *Environment, Political Representation, and the Challenge of Right: Speaking for Nature*, Palgrave Macmillan, 2016.

Mihnea Tanasescu, "Rights of Nature, Legal Personality, and Indigenous Philosophies", *Transnational Environmental Law* 9(3), 2020.

Mumta Ito, "Nature's rights: a new paradigm for environmental protection", *Ecologist*, May 9, 2017, https://theecologist.org/2017/may/09/natures-rightsnew-paradigm-environmental-protection.

Ngaire Naffine, "Legal Personality and the Natural world: on the persistence of the human measure of value", *Journal of Human Rights and the Environment* 3(Special Issue), 2012.

Ngaire Naffine, "Who are Law's Persons? From Cheshire Cats to Responsible Subjects", *The Modern Law Review* 66(3), 2003.

Nicola Pain and Rachel Pepper, "Can Personhood Protect the Environment? Affording Legal Rights to Nature", *Fordham*

International Law Journal 45(2), 2021.

Philipp Wesche, "Rights of Nature in Practice: A Case Study on the Impacts of the Colombian Atrato River Decision", *Journal of Environmental Law* 33, 2021.

Rafi Youatt, "Personhood and the Rights of Nature: The New Subjects of Contemporary Earth Politics", *International Political Sociology* 11(1), 2017.

Richard Tur, "The 'Person' in Law", in Arthur Peacocke and Grant Gillett, *Persons and Personality: A Contemporary Inquiry*, Blackwell Pub, 1987.

Ronald Sandler, "Intrinsic Value, Ecology, and Conservation", *Nature Education Knowledge* 3(10), 2012.

Sara Caria and Rafael Dominguez, "Equador's Buen vivir: A New Ideology for Development", *Latin American Perspectives* 43(1), 2016.

Serena Baldin and Sara De Vido, "The in Dubio Pro Natura Principle: An Attempt of a Comprehensive Legal Reconstruction", *Revista General de Derecho Público Comparado* 32, 2022.

Steven Walt and Micah Schwartzman, "Morality, Ontology, and Corporate Rights", *Law and Ethics of Human Rights* 11(1), 2017.

Synneva Geithus Laastad, "Nature as a Subject of Rights? National Discourses on Ecuador's Constitutional Rights of Nature", *Forum for Development Studies* 47(3), 2019.

UN Harmony with Nature Report of the Secretary-General, AA/73/221, 2018.

UNEP, "Environmental Rule of Law: First Global Report", 2019.

부록
자연의 권리 연표[1]

- 1972

서던 캘리포니아 로스쿨의 학술지에 시대의 획을 긋는 크리스토퍼 스톤 (Christopher Stone)의 논문인 「나무도 당사자적격을 가져야 하는가?(Should Trees Have Standing?)」가 게재되었다. 논문에서 스톤은 현행법 구조 아래에서 어떻게 자연이 권리가 없는 것으로 다루어지는지를 서술했다.

- 1989

로데릭 내쉬(Roderick Nash)는 『자연의 권리(The Rights of Nature: A History of Environmental Ethics)』에서 역사를 통해 권리 없는 존재——노예, 여성 그 밖의 존재——가 법적 권리 체계 안에서 자신들을 인정받기 위하여 어떻게 투쟁해 왔는지를 설명했다.

- 2001

토마스 베리(Thomas Berry)는 「권리의 기원과 분화 그리고 역할(The Origin, Differentiation and Role of Rights)」에서 지구 공동체 모든 성원이 어떻게 내재적 권리를 갖는지를 기술했다.

---

1) https://rightsofnaturesymposium.com/chronology-of-ron(접속일: 2019.8.10.);
   https://www.garn.org/rights-of-nature-timeline/(접속일: 2024.12.24.)

- 2003

남아프리카공화국 변호사 코막 컬리넌(Cormac Cullinan)은 『야생의 법(*Wild Law: A Manifesto for Earth Justice*)』에서 토마스 베리와 함께, 스톤과 내쉬가 촉발한 자연의 권리에 관한 법적, 역사적 논의에 중요한 영적, 도덕적 요소를 추가하면서 자연의 권리에 관한 새로운 장을 열었다.

- 2006

환경 단체인 환경보호기금(The Community Environmental Legal Defense Fund, CELDF)은 펜실베이니아 스쿨킬(Schuylkill) 카운티의 작은 마을 타마쿠아 보로우(Tamaqua Borough)와 협력해 폐기물 회사가 마을에 유독한 하수 슬러지를 투기하는 것을 금지하고자 했다. 환경보호기금은 타마쿠아가 슬러지 투기를 자연의 권리에 대한 침해로 보고 이를 금지하는 내용의 자연의 권리 법률안을 입안하는 데 지원했다.

- 2008

9월 에콰도르는 국민투표로 헌법 개정안을 통과시켰다. 이에 따라 에콰도르는 헌법에 자연의 권리를 인정한 첫 번째 나라가 되었다.

- 2009

4월 22일 제63차 유엔 총회에서 4월 22일은 '세계 어머니 지구의 날(International Mother Earth Day)'로 선포되었다(A/RES/63/278). 볼리비아 대통령 에보 모랄레스(Evo Morales Ayma)는 총회에 세계 어머니 지구의 날 선언에 관한 성명서를 전달했다(A/63/PV.80).

- 2010

4월 볼리비아는 '기후변화 및 어머니 지구의 권리에 관한 콘퍼런스(the World People's Conference on Climate Change and the Rights of Mother Earth)'를 개최했다. 거기서 '어머니 지구의 권리에 관한 세계 선언(the Universal Declaration on the Rights of Mother Earth)을 이끌어냈다. 콘퍼런스 이후 볼리비아는 유엔 총회에 검토를 위해 해당 선언을 제출했다.

8월 하모니 위드 네이처(Harmony with Nature)에 관한 첫 번째 사무총장 보고서가 (A/65/314) 발간되었다.

11월 펜실베니아 피츠버그시위원회는 만장일치로 셰일가스의 굴착과 수압 파쇄를 금지하는 일환으로 자연의 권리를 인정하는 조례를 통과시켰다. 이는 미국 주요 도시에서 법적으로 집행 가능한 자연의 권리를 입법화한 첫 사례다.

볼리비아 입법부는 「어머니 지구의 권리 법(the Law of the Rights of Mother Earth)」을 통과시켰다.

12월 제65차 유엔 총회에서 하모니 위드 네이처에 관한 두 번째 결의(A/RES/65/164)가 채택되었다. 결의를 통해 사무총장에게 세계 어머니 지구의 날을 기념하기 위한 상호 대화(Interactive Dialogue)를 주최할 것과 하모니 위드 네이처에 관한 두 번째 보고서를 발간하고, 하모니 위드 네이처 웹사이트를 개발할 것을 요청했다.

· 2011

에콰도르에서 헌법 조항에 따른 최초의 자연의 권리 소송에서 생태계의 권리를 지지하는 판결이 선고되었다. 로야(Loja) 지방법원에서 심리된 소송에서 빌카밤바(Vilcabamba) 강이 원고가 되었다. 강의 자연적 흐름과 건강에 간섭하는 정부의 행위의 중지를 구하는 사건에서 강은 스스로 존재하고 유지될 수 있는 자신의 고유한 권리를 방어할 수 있음이 선언되었다.

제66차 유엔 총회에서 하모니 위드 네이처에 관한 세 번째 결의(A/RES/66/204)가 채택되었다.

8월 하모니 위드 네이처에 관한 사무총장 보고서(A/66/302)가 발간되었다.

네팔에서 자연의 권리를 증진하기 위한 캠페인이 시작되었다. 현재 의회 의원들은 자연의 권리를 인정하는 헌법 개정을 검토하고 있다.

· 2012

볼리비아는 「어머니 지구 및 통합 발전 기본법(the Mother Earth and Integral Development for Living Well)」 아래 「어머니 지구의 권리 법(the Law of the Rights of Mother Earth)」을 채택했다. 볼리비아 입법부(Plurinational Legislative Assembly)에서 통과된 이 법은 법령에서 어머니 지구의 권리를 인정하고 있다.

뉴질랜드 정부는 황거누이(Whanganui) 강에 의존해 살아가는 마오리 부족 등 원주민과 황거누이 강의 법인격을 인정하는 내용의 합의에 이르렀다.

4월 세계 어머니 지구의 날을 기념하기 위하여 하모니 위드 네이처에 관한 총회의 두 번째 상호 대화가 열렸다. 이 대화에서 인간 활동이 지구 시스템의 기능에 미치는 영향에 관한 과학적 발견이 논의되었다.

6월 20일부터 22일까지 열린 유엔 지속가능발전 콘퍼런스(Rio+20) 결과물인 「우리가 원하는 미래(The Future We Want)」의 제39절(Harmony with Nature)에서 자연의 권리를 언급하고 있다.

8월 하모니 위드 네이처에 관한 세 번째 사무총장 보고서(A/67/317)가 발간되었다. 세계자연보전연맹(IUCN)은 의사결정에서 자연의 권리를 반영하는 정책을 채택했다.

12월 제67차 유엔 총회에서 하모니 위드 네이처에 관한 네 번째 결의(A/RES/67/214)가 채택되었다.

· 2013

유럽 시민의 자연의 권리 이니셔티브(the European Citizens Initiative for the Rights of Nature)를 위한 캠페인이 시작되었다. 여기에서 유럽 시민들이 정부에 심의를 위한 안건의 제출을 허용하고 있다.

유엔 제68차 총회에서 하모니 위드 네이처에 관한 다섯 번째 결의(A/RES/68/216)가 채택되었다.

하모니 위드 네이처에 관한 네 번째 사무총장 보고서(A/68/325)가 발간되었다.

· 2014

자연의 권리 지구 연합(the Global Alliance for the Rights of Nature)은 자연의 권리에 관한 국제 회합을 지원하고, 에콰도르 수도 키토(Quito)에서 세계 최초로 자연의 권리를 위한 법정이 개최되었다. 소송 사건은 다음과 같다. 1) 셰브론-텍사코 사건(에콰도르), 2) BP 유류 오염 사건(미국), 3) 야수니 사건(에콰도르), 4) 대보초 사건(호주), 5) 콘도르 미라도르 광산 사건(에콰도르), 6) 수압 파쇄 자원 추출 사건(미국), 7) 어머니 지구 수호자 박해 사건(에콰도르) 등.

뉴질랜드 의회는 투호족(Tūhoe people)과 정부 간의 합의를 최종 타결짓는 「테 우레웨라 법(the Te Urewera Act)」을 통과시켰다. 이 법은 테 우레웨라——전체 면적이 2,000제곱킬로미터가 넘는 전(前) 국립공원——는 "자신의 고유한 권리로 법적 승인"을 받는 것을 인정하고 있다.

제69차 유엔 총회에서 하모니 위드 네이처에 관한 여섯 번째 결의(A/RES/69/224)가 채택되었다.

하모니 위드 네이처에 관한 다섯 번째 사무총장 보고서(A/69/322)가 출간되었다.

12월 제20차 유엔 기후변화협약 당사국총회(COP20)가 개최되는 동안 리마에서 제2회 국제 자연의 권리 법정이 개최되었다. 소송 사건은 다음과 같다. 1) 야수니 사건(에콰도르), 2) 셰브론-텍사코 사건(에콰도르), 3) BP 유류 오염 사건(멕시코만), 4) 수압파쇄 자원 추출 사건(미국/볼리비아, 5) 콩가-카자마르카 광산 사건(페루), 6) 기후변화와 잘못된 해결책; 대보초 사건(호주) 등.

• 2015

스웨덴 의회(Sweden's Riksdag)는 자연의 권리를 스웨덴 법에 반영할 수 있는 방법에 관한 제안을 준비하는 위원회를 설치하는 조치를 검토했다

5월 프란치스코 교황은 회칙, 「찬미받으소서(Laudato Si)」를 발표했다. 회칙에서 교황은 소비주의와 무책임한 개발을 비판하며, 환경 훼손과 기후변화를 개탄하고 있다. 전 지구적으로 통일된 조치를 신속하게 취할 것을 호소하는 교황의 회칙은 자연의 권리를 위한 기초이다.

제70차 유엔 총회에서 하모니 위드 네이처에 관한 제7차 결의(A/RES/70/208)가 채택되었다.

하모니 위드 네이처에 관한 제6차 사무총장 보고서(A/70/268)가 출간되었다.

파리에서 제21차 기후변화 당사국 총회(COP21)가 열리는 동안 제3회 국제 자연의 권리 법정이 개최되었다. 소송 사건은 다음과 같다. 1) 기후변화: 자연의 금융화/REDD, 2) 거대 수력 발전 시설(브라질), 3) 에콰도르에서 유류 개발(야수니 및 셰브론) 등.

• 2016

2월 잉글랜드와 웨일즈의 녹색당은 자연의 권리 정책 플랫폼을 채택했다. 스코틀랜드 녹색당도 비슷한 조치를 취했다.

콜롬비아의 헌법재판소는 아트라토 강은 "보호, 보전, 유지 및 복원"에 대한 권리를

가진다고 판결했다. 또 원주민과 정부로 구성되는 강을 위한 공동 보호기구(joint guardianship)를 설치했다.

제71차 유엔 총회에서 여덟 번째 하모니 위드 네이처에 관한 결의(A/RES/71/232)가 채택되었다.

지구법학을 다루는 첫 번째 하모니 위드 네이처에 관한 전문가 요약 보고서(A/71/266)가 발표되었다.

· 2017

뉴질랜드 의회는 황거누이 강에 생태계로서 법인격을 부여하는 법률인 「테 아와 투푸아 법(the Te Awa Tupua Act)」을 제정했다.

인도 우타라칸드(Uttarakhand) 주 고등법원은 강가 강(갠지스 강)과 야무나 강과 빙하 및 그 밖의 생태계를 특정한 권리를 갖는 법인으로 인정하는 판결을 내렸다.

멕시코시티는 "권리주체인 집합적 실체로서 생태계와 종들로 구성되는 자연의 권리의 광범위한 보호"를 인정하고 규율하는 그러한 자연의 권리에 관한 법의 입법을 명하는 조항을 포함하는 새로운 헌법을 통과시켰다.

미국 콜로라도 라파예트(Lafayette)는 건강한 기후에 대한 인간과 자연의 권리를 인정하고, 이러한 권리에 대한 침해인 석탄 연료의 채굴을 금지하는 「기후권리장전(the Climate Bill of Rights)」을 최초로 시행했다.

4월 21일 제7차 지구법학과 지속 가능한 발전을 다루는 제7차 하모니 위드 네이처 상호 대화가 개시되었다.

콜로라도 강 소송(Colorado River vs. State of Colorado)이 미국 연방법원에 제기되었다. 미국에서 특정 생태계가 자신의 법적 권리에 대한 인정을 구하는 최초의 소송이다.

제23차 유엔 기후변화협약 당사국총회(COP23)가 열리는 동안 제4회 국제 자연의 권리 법정이 11월 7일부터 8일까지 독일 본에서 개최되었다. 소송 사건은 다음과 같다. 1) 기후변화: 잘못된 에너지 문제 해결책, 2) 알메리아에서 물 접근 박탈 사건(스페인), 3) 아마존 위협 사건(에콰도르, 브라질, 볼리비아) 등.

· 2018

4월, 콜롬비아 대법원은 콜롬비아 내 아마존을 '권리주체'로 인정했다

7월, 인도 우타라칸드 주 고등법원은 주 내 동물들에 법인격성 내지 법실체성(a legal person or entity)을 부여했다.

8월 9일, 콜롬비아 보야카 주 행정법원은 심각한 채광에 직면한 안데스 고산 생태계인 파라모(Páramo)를 '권리주체'로 인정했다.

12월, 치페와 부족(White Earth band of the Chippewa Nation)은 아미쉬나베 사람들(Anishinaabe people)의 주된 전통 작물인 야생벼 마누민의 법적 권리를 보장하는, 「마누민 권리 법('Rights of the Manoomin' law)」을 통과시켰다. 이 법은 "마누민은 원상복구와 회복 및 보전의 권리와 더불어 존재하고, 번영하고, 재생하고 진화할 내재적 권리를 가진다고 규정한다. 이는 특정 식물종의 법적 권리를 보장한 최초의 법이다.

브라질의 산 세베리노 라모스 샘(San Severino Ramos Natural Water Spring)은 자연의 권리를 인정하는 파울달류(Paudalho) 지자체 설립 기본법의 개정에 따라 자연의 권리가 인정된다.

• 2019

2월 26일, 오하이오 주 톨레도 주민들은 이리호에 "자연적으로 존재하고 번영하고 진화할" 법적 권리를 부여하는 「이리호 권리장전(Lake Erie Bill of Rights)」을 제정했다. 이는 미국에서 특정 생태계의 법적 권리를 보장하는 최초의 법이다.

6월 21일, 우간다는 자연을 "존재하고 지속하며, 자기의 필수 순환과 구조와 기능 및 진화 과정을 유지하고 재생할 권리"를 가진 것으로 인정하는 「국가환경법」(2019)을 시행했다.

6월, 콜롬비아 톨리마 주 지방법원은 "국가와 지역사회에 의하여 보호, 보전, 유지 및 원상복원의 권리를 갖는 개별적 실체(individual entities)"로서, 코엘로와 콤베이마 및 코코라 강(Coello, Combeima, and Cocora Rivers)과 유역 및 지류의 권리를 인정했다.

콜롬비아 네이바 1심 형사법원은 마그달레나 강(Magdalena River, 유역과 지류 포함)은 "보호, 보전, 유지 및 원상복원"의 권리를 가진다고 인정했다.

11월, 과테말라 헌법재판소는 물을 살아 있는 실체(a living entity)로 인정하면서, 선주민과 물 간의 영적이고 문화적인 관계를 인정하는 인간중심주의를 탈피한 평결을 했다.

11월 24일, 웨스턴 오스트레일리아 주 의회 의원 다이앤 에버스(Diane Evers)는 「자연의 권리 및 미래 세대 장전(Rights of Nature and Future Generations Bill)」(2019)을 발의했다. 이는 오스트레일리아 의회에서 최초로 발의된, 자연의 권리의 인정을 목적으로 하는 법률안이다.

12월 5일, 제5회 자연의 권리 법정(5th Nature Rights Tribunal)이 칠레 산티아고에서 열렸다. 재판소는 다섯 건의 판결(칠레에서 물의 사유화, 아타카마 사막(Atacama Desert)의 리튬 광산, 인간 활동에 의한 물순환 파괴, 아마존과 치키타니아(Chiquitania) 지역 산불, 더 넓은 시각에서의 아마존 파괴)을 선고했다.

방글라데시 고등법원은 투라그 강(river Turag)을 법적 권리를 갖는 살아 있는 실체로 인정하고, 방글라데시 내 모든 강에 적용할 수 있다고 판시했다.

에콰도르 퀘베도(Quevedo) 지역 판사는 GM 작물은 생명권과 직업의 권리, 건강한 환경권 및 자연의 권리를 침해한다고 지적하며, 로스 리오스 지역 소농의 보호명령 청구를 인용했다.

• 2020
6월 29일, 코스타리카 쿠리다바트(Curridabat) 지자체는 수분자(pollinators)와 나무 그리고 고유 식생종에 시민 자격을 수여했다.

캐나다의 한 부족(Tŝilhqot'in Nation)은 "사람과 동물, 물고기, 식물, 땅과 물은 돌봄과 사용에 관한 의사결정에서 고려되고 존중되는" 권리를 가짐을 인정하는 「스터전 강 법(Esdilagh Sturgeon River Law)」을 시행한다.

5월 21일, 파키스탄 이슬라마바드 고등법원은 비인간 동물의 권리를 확정하며, 마가자르 동물원(Marghazar Zoo)에 홀로 갇혀 있는 카아반(Kaavan)이라 불리는 아시아 코끼리를 생추어리에 풀어줄 것을 명하는 결정을 선고했다.

7월 23일, 마르 메노르 석호(Mar Menor lagoon)는 스페인 로스 알카자레스(Los Alcazares) 지자체에 의해 권리주체로 인정되었다.

오스트레일리아에서 그레이트 해안도로를 '살아 있는 단일의 자연적 통합체(one living and integrated natural entity)'로 인정하는 신설 법률인 「그레이트 해안도로 및 환경보호 법(Great Ocean Road and Environs Protection Act)」이 6월 16일 통과되었다.

유럽 법체계에서 인간과 자연 간 관계 개선의 전제조건으로서 자연의 권리를 인정하기 위한 기본 틀의 규정을 목표로 수행된, 유럽경제사회위원회(European Economic and Social Committee)의 연구가 발표되었다.

· 2021

유럽의 맥락에서 자연의 권리를 가진 『자연의 권리에 관한 연구(*Can Nature Get it Right?*)』가 발간되었다. 유럽 법무위원회(JURI Committee)의 요청에 따라 유럽의회 시민의 권리 부처(European Parliament's Policy Department for Citizens' Rights and Constitutional Affairs)가 발주한 이 연구는 자연의 권리 개념과 입법 및 판례법과 법철학 및 국제 협약에서 그것의 서로 다른 측면을 탐구하고 있다.

캐나다에서 이누족 의회와 밍기니 지역 지자체는 맥피 강(the Magpie River/ Muteshekau Shipu)의 권리를 인정했다.

호주 블루마운틴 시의회는 자연의 권리를 정책과 계획 수립을 위한 기본 원리로 채택한 첫 번째 지방의회가 되었다.

국제형사재판소(ICC) 전문가 패널은 에코사이드(Ecocide)를 법적으로 인류 전체, 특히 지구 행성에 대한 범죄로 정의하기로 결정했다.

12월 1일 에콰도르 헌법재판소는 로스 세드로스(Los Cedros) 보호림을 광업으로부터 보호하기 위하여 헌법의 "자연의 권리" 조항을 원용했다.

· 2022

1월 4일, 파나마의 라우렌티노 코르티소 대통령은 자연의 권리를 담은 국내법에 서명했다. 이 법은 국가와 모든 사람(법인이든 자연인이든)에게 자연의 권리를 존중하고, 보호할 것을 명하고 있다.

1월 19일, 에콰도르 헌법재판소는 몬하스(Monjas) 강을 권리주체로 인정하며 강의 권리 침해를 선언했다.

1월 27일 에콰도르 헌법재판소는 야생동물을 자연의 한 부분으로 권리주체로 인정하며, 동물을 위한 인신보호영장(habeas corpus)의 법리를 선고했다.

미국 시애틀 시의 인디언 부족(the Sauk-Suiattle Indian Tribe)은 연어의 이동을 막는 댐은 존재하고, 번성하며, 재생, 진화할 수 있는 연어의 내재적 권리에 대한 침해임을 주장하며, 자연의 권리의 틀을 이용해 연어의 이익을 위한 소를 제기했다.

4월 5일, 스페인의 마 메노르(Mar Menor) 석호와 그 유역을 권리주체로 인정하는 국민발안(the Iniciativa Legislativa Popular, ILP)은 스페인 의회 하원에서 압도적 다수표로 승인되었다. 법안의 발의 및 신속 심의가 승인됨으로써 석호는 법인격성을 가지며, 유럽에서 권리주체가 되는 최초의 생태계가 될 전망이다.

5월 5일 캐나다 퀘벡 주에서 세인트로렌스 강에 권리를 부여하는 법률안이 발의되었다. 이 법안은 그 강의 권리가 침해가 된 경우 법원에서 보호, 방어될 수 있는 특별한 법적 지위를 부여하고 있다.

필리핀 퀘존의 인판타 지자체가 제정한 자연의 권리 조례는 아고스 강의 권리를 인정하며 강과 유역을 보호지역으로 정하고 있다.

제15차 생물다양성협약 당사국총회에서, 당사국들은 자연의 권리가 포함된 역사적인 지구 생물다양성 프레임워크(Global Biodiversity Framework)를 채택했다.

· 2023

에콰도르 헌법재판소는 자연의 권리에 기대어 인타그(Intag) 계곡에서 채광 활동을 금지하는 결정을 내렸다. 이 지역은 최근에 재발견된 두 종류의 개구리를 포함하여 몇몇 독특한 종의 고유 서식지이자 독특한 생물다양성의 핫스팟으로, 해당 지역을 보호하기 위하여 30년 이상 지역사회와 과학자, 생태학자 및 자연의 권리 지지자들이 함께 공동의 노력을 했다. 이 결정은 채광 허가 및 영향 지역에서의 모든 활동을 정지시켰다.

에콰도르 법원은 알람비(Alambi) 강을 권리주체로 선언했다. 법원은 회사가 이행하지 않은 헌법상 환경 협의의 중요성을 강조하며, 해당 강의 상태에 관한 포괄적인 조사·연구를 요청했다.

10월 27일 밀워키 카운티는 미국 위스콘신 주에서 자연의 권리를 승인한 첫 카운티가 됐다.

11월 아이스덴 마그라든(Eijsden-Margraten)은 네덜란드에서 역사적인 자연의 권리안을 채택한 첫 지자체가 됐다. 이 지자체는 자연의 이익이 모든 지방의 의사결정과정에서 우선순위에 있도록 보장할 후견인을 지명할 예정이다.

11월 28일, 파나마 대법원은 국가 자연의 권리법을 인용하며 the Cobré Panamá 구리광산이 헌법에 불합치한다고 선언했다. 이는 자연의 권리 운동을 위한 승리를 가리키는 역사적인 결정으로, 이로써 정부와 캐나다 광산 회사의 재협상 계약을 정지시켰다.

12월 14일, 아일랜드 환경·기후행동 공동위원회는 자연의 권리를 인정하는 헌법 개정을 권고했다. 이 진보적인 조치는 생물다양성의 보호를 요청하는 시민의회(the Citizens' Assembly)의 요청과 발맞춘 것이다.

· 2024
1월, 미국 콜로라도 주 네덜란드(Nederland) 수탁위원회는 보울더(Boulder) 협곡과 유역 생태계의 건강 상태와 수질, 야생 서식지 및 습지 보호에 관한 개선 권고안을 담은 연례 보고서 작성을 담당할 두 명의 후견인 지명을 승인했다. 이는 미국에서 자연에 법적 후견인을 지명한 첫 사례에 해당하는 역사적인 조치다.

2월 12일, 세계습지권리선언(the Universal Declaration of the Rights of Wetlands) 안이 보완되었다. 초안에서 "모든 습지의 법적이고 살아 있는 인격성과 권리를 인정"하고, "모든 습지는 지구 공동체의 성원으로 그 존재에서 기원하는, 내재적이고 영구적인 권리를 가질 자격이 있는 실체로, 법정에서 원고적격을 가져야 한다"고 선언한다.

3월, 페루의 로레토 주 대법원은 마라뇽(Marañón) 강의 권리를 인정하는 판결을 내렸다. 이 기념비적 성취는 수년간 지치지 않고, 강의 생명을 위협하는 오염과 기름 유출에 맞서 싸운 용기 있는 선주민 여성인 쿠카마(Kukama)가 이끈 법적 투쟁의 결과다.

3월 28일, 뉴질랜드, 쿡 제도, 타히티, 통가, 하와이 그리고 라파누이(이스터섬)의 선주민 지도자들은 역사적인 조약인 해양권리선언(He Whakaputanga Moana, Declaration for the Ocean)을 비준했다. 이 선언에서는 고래를, 이동의 자유권과 건강한 환경에 대한 권리 그리고 인류와 더불어 번성할 역량에 대한 권리를 포함한 내재적 권리를 가진 법인으로 인정하고 있다.

4월 18일, 인도 대법원은 '텔랑가나 주 vs. 무함마드 압둘 카심(The State of Telangana v. Mohd. Abdul Qasim)' 사건에서 생태중심주의, 자연의 권리 및 기후변화와 이것들이 경제와 갖는 연관성을 고려해, 보호림에 유리한 판결을 내렸다.

5월 1일, 미국 댄 강 생태계의 권리와 건강하고 번영하는 댄 강 생태계에 대한 주민의 권리를 인정하고 보호하는 법안(HB 923)이 노스캐롤라이나 주 하원에서 발의되었다. 댐 강 생태계의 지위를 "재산"에서 권리를 보유하는 실체(entity)로 높이고 있는 이 법안이 통과되면, 미국에서 최초로 주 차원의 자연의 권리 법률이 될 것이다.

7월, 독일 에르푸르트(Erfurt) 법원은 디젤 배출 관련 사건에서 독일에서 최초로 자연의 권리를 인정하는 획기적인 판결을 선고했다. 법원은 디젤 차량에 장착된 불법적인 배출 조작 장치는 소비자를 기망하고, 나아가 강과 산림, 습지와 같은 보호 가치 있는 생태계에 생태적 피해를 입혔다고 설시했다. 법원은 이 판결에서 선례로 에콰도르 마창가라 강(Machangara River) 사건을 인용했다.

유엔 총회 79차 회기에서는 점점 늘고 있는 자연의 권리 인정에 관하여 폭넓게 토론한 내용을 담은 하모니 위드 네이처 새 결의안을 채택했다.

페루 로레토(Loreto) 민사법원은 여성 쿠카마와 아마존 원주민들에게 매우 의미 있는 승리를 가리키는, 마라뇽 강과 그 유역의 권리를 인정하는 원심법원의 판결을 유지하며 강에 대한 보호조치를 확정했다.

스페인 헌법재판소는 2022년 의회가 통과시킨 마르 메노르 석호와 그 유역에 법인격을 인정하는 법률의 합헌성을 인정했다. 이 결정으로써 해당 법률이 "자연인 또는 법인이 실제 이해당사자인 마르 메노르의 이익을 위하여 사법소송 또는 행정심판을 적법하게 청구할 수 있다"는 점이 확인됐다.

아르헨티나의 차코 주 레시스텐시아 법원은 프란시아 석호(the Francia lagoon)를 권리주체로 선언하는 역사적 판결을 선고했다. 부동산 투기로 위협을 받는 석호에 법원이 보호와 보전, 복원 및 유지에 대한 권리를 부여함에 따라 석호는 본래 가치를 가지며, 수질 정화와 생물다양성에 결정적인 역할을 한다는 것이 인정됐다.

좋은 삶과 자연의 권리

1판 1쇄 발행 2025년 2월 28일

지은이 | 박태현
펴낸이 | 조영남
펴낸곳 | 알렙

출판등록 | 2009년 11월 19일 제313-2010-132호
주소 | 경기도 고양시 일산서구 중앙로 1455 대우시티프라자 715호
전자우편 | alephbook@naver.com
전화 | 031-913-2018, 팩스 | 02-913-2019

ISBN 979-11-89333-91-1 (93300)

* 이 책은 2019년 대한민국 교육부와 한국연구재단의 지원을 받아 수행된 연구입니다.
  (NRF-2019S1A6A3A02058027).

* This work was supported by the Ministry of Education of the Republic of Korea
  and the National Research Foundation of Korea(NRF-2019S1A6A3A02058027)

* 책값은 뒤표지에 있습니다. 잘못된 책은 바꾸어 드립니다.